Der Narrenbädeker

Arthur Holitscher

Impressum

Autor: Arthur Holitscher
Umschlagkonzept: toepferschumann, Berlin

Verlag: tredition GmbH, Hamburg
ISBN: 978-3-8472-3674-0
Printed in Germany

Tucholsky Wagner Zola Scott Sydow Freud Schlegel
Turgenev Wallace Fonatne

Twain Walther von der Vogelweide Fouqué Friedrich II. von Preußen
Weber Freiligrath Frey

Fechner Fichte Weiße Rose von Fallersleben Kant Ernst Frommel
Richthofen

Fehrs Engels Fielding Hölderlin Tacitus Dumas
Faber Flaubert Eichendorff

Feuerbach Maximilian I. von Habsburg Fock Eliasberg Zweig Ebner Eschenbach
Ewald Eliot Vergil

Goethe Elisabeth von Österreich London
Mendelssohn Balzac Shakespeare Dostojewski Ganghofer
Trackl Lichtenberg Rathenau Doyle Gjellerup
Stevenson Hambruch
Mommsen Tolstoi Lenz Droste-Hülshoff
Thoma Hanrieder
Dach von Arnim Hägele Hauff Humboldt
Verne
Reuter Hagen Hauptmann
Karrillon Rousseau Gautier
Garschin
Defoe Baudelaire
Damaschke Descartes Hebbel
Hegel Kussmaul Herder
Wolfram von Eschenbach Schopenhauer
Dickens Rilke George
Bronner Darwin Melville Grimm Jerome Bebel
Campe Horváth Aristoteles Proust
Bismarck Vigny Barlach Voltaire Federer Herodot
Gengenbach Heine
Storm Casanova Tersteegen Grillparzer Georgy
Lessing Gilm
Chamberlain Langbein Gryphius
Brentano Lafontaine
Strachwitz Claudius Schiller Kralik Iffland Sokrates
Bellamy Schilling
Katharina II. von Rußland Gerstäcker Raabe Gibbon Tschechow
Löns Hesse Hoffmann Gogol Wilde Gleim Vulpius
Luther Heym Hofmannsthal Klee Hölty Morgenstern
Roth Heyse Klopstock Kleist Goedicke
Luxemburg Puschkin Homer Mörike
La Roche Horaz Musil
Machiavelli Kierkegaard Kraft Kraus
Navarra Aurel Musset Moltke
Lamprecht Kind Kirchhoff Hugo
Nestroy Marie de France Laotse Ipsen Liebknecht
Nietzsche Nansen Ringelnatz
Marx Lassalle Gorki Klett Leibniz
von Ossietzky May vom Stein Lawrence Irving
Petalozzi Platon Knigge
Sachs Poe Pückler Michelangelo Kock Kafka
Liebermann Korolenko
de Sade Praetorius Mistral Zetkin

Text der Originalausgabe

Arthur Holitscher

Der Narrenbaedeker

Aufzeichnungen aus Paris und London

1925
S. Fischer Verlag Berlin

EINLEITUNG, REISEZIEL, GELD USW.

Du bist in den Jahren seit dem Krieg ausgiebig im Osten herumgefahren; dreimal Leningrad, dreimal Moskau; einmal Kasan, Marxstadt, Saratow, Zaryzin, Astrachan, Cairo, Jerusalem; du hast es verdient, nach dem Westen zu reisen, dem kultivierten Westen.

Hierzu ist ein Verleger vonnöten, der dir die Reise bezahlt.

Unter besonderen Umständen wie: Verlängerung der Reisedauer u. ähnl., unter allen Umständen empfiehlt es sich, die Anzahl zu verdoppeln.

REISEZEIT

Man wähle für die Reise nach den westlichen Ländern, besonders deren Hauptstädten, eine Zeit, in der die Regierenden dieser Länder über die Völker des unkultivierten Ostens zu Gericht sitzen, politische und ökonomische Maßregeln aushecken, vorbereiten und oktroyieren. In solchen Zeiten sonnen sich die Länder und Städte, die man besuchen will, im Gefühl ihrer Macht.

Das Wetter ist zumeist exzellent.

WO WOHNT MAN IN PARIS?

Ich sitze im kleinen engen Hof, auf der alten Bank unter dem Oleanderstock, an den ich noch gut erinnere.

»Mais entrez donc, Monsieur, montez donc, visitez votre chambre!« Madame ist die gegenwärtige Besitzerin des alten Studentenhotels de Medici in der alten Straße in meinem alten Quartier Latin; eine freundliche alte Dame. Aber ich schaue nur hinauf in den vierten Stock. Dort oben wohnte ich!! Ich hatte damals in meiner Bücherkiste fünfzig Bücher mit und schrieb mein erstes. Wollte ich heute einziehen, so könnte ich nur zwanzig von anderen verfaßte mitbringen, denn meine eigenen dreißig müßte ich doch mitnehmen, und für mehr als fünfzig ist in der Stube kein Raum!

Ich wohne jetzt, nicht sehr weit von hier, auf dem Platz vor der Sorbonne, etwas bequemer. Mein Zimmer drüben ist um zwei Schritte breiter als dieses hier oben, auch zwei Schritte länger. Alles andere aber ist geblieben, wie es damals war. Armut, Traurigkeit, Einsamkeit, alles ist geblieben.

ORIENTIERUNGSFAHRT

Die Seine teilt Paris in zwei Teile. Rechts von der Seine liegt das rechte Ufer, links la Rive Gauche.

Von der Madeleine bis zur Bastille erstrecken sich die großen Boulevards. (Die Bastille ist an einem 14. Juli gefallen [Nationalfeiertag]; die Börse aber steht noch; es ist viel Geschrei um sie.)

Von der Madeleine bis ans Ende des Boulevard des Italiens kann man in drei Minuten gehen, im Autotaxi dauert die Fahrt eine halbe Stunde. Dieser Umstand besagt, daß das Schicksal der großen Städte besiegelt ist. –

Das XX. Jahrhundert ist das Jahrhundert des Speed; die Entwicklung bewegte sich von der Postkutsche sehr rasch zum Aeroplan vorwärts; ich möchte wissen, was von unserer Zivilisation übrigbliebe, wollten wir die Schnelligkeit, mit der wir von einem Ort zum andern gelangen können, zugleich mit Jazz und Taylorsystem, Gasbomben und anderen Beschleunigungsmitteln, aus unserer Zivilisation wegdenken, abziehen oder streichen.

Die große Stadt ist ein einziges Verkehrshindernis. Sie ist unter die Räder der Entwicklung geraten, erledigt, muß verschwinden. Die große Stadt leidet in den Hauptverkehrsadern, besonders um die Stunde der Verdauung, an Kongestionen; sie wird bald an Apoplexie sterben.

Man hat sie unterbohrt; die Klistierspritzen der Metro-Untergrundzüge erleichtern sie indes nur ungenügend; an den Straßenecken stauen sich alle zehn Schritte weit Autokolonnen, Omnibusparks; lebende Semaphoren in Schutzmannstracht lenken sie mit Signalen: halt, vorwärts, zurück; nützt alles nichts, die Stadt, ein lebendes Wesen, unterliegt den Gesetzen des Kreislaufs; Embolien wirken auf die Dauer tödlich auf sie wie auf den Menschen.

Im Bois de Boulogne – rasch, rasch, aneinander vorüber. Keiner sieht mehr den andern. Ehemals – im Vorüberfahren – ein Nicken, Erkennen, Lächeln; heute die kinematographisch verwischte Silhouette der vorüberschießenden Limousine, Auge vorwärts, Blick auf Lenkkurbel und Rückwand des vorne laufenden Wagens; das einzige Menschenantlitz das des Polizisten, der die Wagenreihe aufhält.

Hinter der Madeleine entdecke ich eine Pferdedroschke. Sie ist auflackiert und wiederauflackiert; dem alten Kutscher hat man seinen greisen Gaul gelassen, schlafend hängt der Mensch über dem Roß, sein Bart ist ihm durch den Kutschbock gewachsen, Rip van Winkle: er wird noch à la course und à l'heure bezahlt, das Rad seiner alten Karosse ist an keinen mechanischen Zählapparat angeschlossen, Kutsche, Mensch und Tier entschwinden rückwärts gleitend in den Nebeln des vormechanistischen Zeitalters.

STATUE IM TUILERIENGARTEN

Die große Stadt!

Ihr droht ihr Schicksal auf der Erdoberfläche, tief unten im dröhnenden Untergrund; noch lauter aber hört sie, wiewohl im Unterbewußtsein, ihr Ende von oben nahen, näher und näher ertönen.

Aus Marmor gemeißelt, von Bartholomé, dem alten Meister des »Totendenkmals«, angefertigt,

»PARIS 1914 – 1918«

benannt, steht eine elegante, oben entblößte Dame auf dem herrlichen, weiten, freien Platz vor dem Louvre. Sie hat aus Marmor eine Watteau-Falte im Rücken; ein Schwert hält sie wagrecht in den Händen, leicht und ungezwungen wie einen Sonnenschirm; auf dem Kopf sitzt ihr, aus Marmor, eine Sturmhaube, mit dem Bügel in der Mitte, den die Mode bereits für Damenhüte verwertet hat; sie schaut, nicht ungraziös, fast kokett, wenn auch der Situation entsprechend leidlich ernst, ein bißchen schmollend, in die Luft hinauf. Die Figur wurde vom »Petit Journal« gestiftet und soll daran erinnern, daß Paris im großen Krieg Luftangriffe erfolgreich abgewehrt hat.

Auf dem herrlichen, weiten, freien Platz ist diese Figur eine Figur. Wie wäre es, wolltet ihr sie im engen, dichtbevölkerten Marais aufstellen? Oder im Faubourg St. Denis, wo noch mehr Menschen noch dichter bei-, mit-, neben-, über- und untereinander hausen? Dort wäre die Figur schon etwas mehr als eine Figur, und sie sollte doch auch wahrlich als etwas mehr gelten als ein (mittelmäßiges) Kunstwerk.

Im Faubourg St. Denis müßte sich die Rückenfalte automatisch zu einem bauschigen Unterrock herumdrehen, unter dem, wie unter den Flügeln der Mutterhenne bei einem Gewitter, die große Stadt ihre wehrlosen Kinder vor den drohenden Bombenabwürfen versteckte.

Über den Marais, den Faubourg St. Denis, das Landsberger Viertel, die Köpenicker, Prenzlauer, Elsasser Straße, über Islington, die Minories, Shoreditch und Lambeth, über Trastevere, Via Roma, über die Bowery, Allen, Delancey Street, über den Loop und Michigan Avenue lohnt es, auf Flügeln durch den Aether die leichten Tuben herbeizuführen, weil man hier recht viele Menschen treffen kann, bis man dann in anmutiger Kurve davonfliegt, ein Pünktchen im Sonnenglanz, im Mondenschein, zwischen dem Wolkengetümmel, kaum wahrnehmbar, während unten der Tod die Stadt bei ihrem Herzen anpackt, wilde Panik das Volk zersprengt, seine Gesetze zerreißt, Abgründe öffnet und aufrührt, daß man die Untergrundschienen im Tageslicht gewahrt, das Eingeweide des Fortschritts der Welt und des Jahrhunderts offensichtlich zu Tage liegt. . . .

Hippokratisches Gesicht der großen Stadt! Donnernd rollen die Omnibusse rechts und links an der anmutigen Marmordame vorüber, die, mit Zügen der Pariserin ausgestattet, den Typus der germanischen Rasse doch nicht ganz verleugnet. Man begegnet diesem Typus ziemlich häufig in der Bevölkerung von Paris und überhaupt in dieser nördlichen Hälfte Frankreichs. Er hat, unbeschadet seiner koketten gallischen Anmut, einen ziemlich kriegerischen Ausdruck angenommen, den ich an ihm eigentlich erst jetzt, seit dem Kriege zum erstenmal, wahrnehme, aber das mag eine Täuschung sein.

FAUBOURG ST. DENIS

Ich erinnere mich an dieses Erlebnis. In meiner Vaterstadt, Jahre vor dem Krieg. Ich war nach langer Abwesenheit zurückgekehrt, auf der Donaupromenade tummelte sich eine Generation, die ich nicht heranwachsen gesehen hatte, die mir unbekannt war. Zwanzigjährige, zwanzig Jahre jünger als ich. Da hatte ich eine Vision. Ein Gefühl ergriff mich – solche Augenblicke des Schauens, des Erschauerns überfallen mich zuweilen –, ich hatte eine Vision, in den Adern fühlte ich: i h r w e r d e t n i c h t l e b e n ! Es war sechs Jahre vor dem Krieg.

Grau rinnt es durch meine Adern, wenn ich heute durch die übervölkerten Straßen der großen Städte gehe, jetzt, im sechsten Jahr nach dem Krieg: d i e s e S t r a ß e n w e r d e n n i c h t l e - b e n .

Die große Stadt organisiert die Massen, und sie desorganisiert das Individuum. Sie erzieht das Volk und korrumpiert die Seelen. William Morris hat in seinem utopischen Roman Gras auf Trafalgar Square wachsen lassen, Schafe weiden, wo einst Trafalgar Square war. Glücklichere Menschen läßt er in kleinen Siedlungen rund im Lande wohnen, jede Siedlung ihre eigene Autonomie besitzen, eine Kette, Netz, Gewebe, Nebeneinander unzähliger kleiner glücklicher Menschengruppen erstehen, das Ideal der anarchistischen Gesellschaft, einer von der Vernunft regierten, unausdenkbar seligen Friedensära der Menschheit.

Die kleine Siedlung, das Dorf, den Weiler, die Farm aus der Luft herunter zu vergasen, zu sprengen, zu vernichten lohnt sich schon heute nicht; die dichte Stadt, der vollgestopfte Wohnbezirk wird das Ziel des beflügelten Todes sein, dessen Schwingenrauschen einige bereits vernehmen, des Pünktchens im Sonnenglanz, dieses kreisenden, schwirrenden, irrlichterierenden Funkens in der Höhe, der einigen bereits die Augen aussticht, die Tränendrüsen fließen macht.

Mechanisch, monoton, unmenschlich bellen die Autohupen von den Boulevards her, dem Boulevard St. Denis, dem Boulevard de Strasbourg, in das Stimmengetöse des engen Faubourg herein.

MUSÉE CERNUSCHI UND DER STRAHL

Am Eingang zum Park Monceau ist in einem kleinen Palast ein Museum chinesischer Altertümer untergebracht.

Jahrtausende vor Christi Geburt haben unerhörte, lange verschollene, verschüttete, zermalmte Kulturepochen Meisterwerke der Kunst hervorgebracht, die einzige Kunde von jener dem Menschheitsverhängnis erlegenen Zeit vermitteln. Von feindlichen Nachbarstämmen heimgesuchte, ausgerottete, schließlich vom Flugsand des zerstörten Landes verschluckte Riesenstädte des sagenhaften China, des Götterkontinents Tibet – der Atem vergeht dir vor einer ernsten sitzenden Priesterstatue, einem Tier aus Nephrit, einem Schwertgriff aus Erz und Obsidian.

Jahrtausende, erblüht, eine Kultur erkämpft, zerstört, untergegangen, ausgegraben – Kunde in drei kleinen Sälen eines versteckten Museums, das von wenigen besucht wird.

Lieblich tönen mir am frühen Morgen die Rufe von Paris in mein stilles Zimmer an der Sorbonne herauf:

»Mouron pour les petits oiseaux!«

»Merlans, frais! Merlans à frire!«

»Habiiiits! Chand d'habits!«

»Vlà le vitrier qui passe!«

. . . . der Dudelsack des Basken, der Rohrstühle ausbessert, quiekt fröhlich seinen Morgengesang – Menschenlaute am hellen Morgen . . . . auf einmal erbraust die Stadt von fern; mechanische Geräusche, schweres Räderrollen, Hupensignale des Verkehrs ertöten, verschlingen, begraben den Laut des Menschen. Betäubt versinkt die Seele in verspäteten schweren Morgenschlummer.

Große Lettern am Kopfe der Tageszeitungen: Grindell Matthews – die Todesstrahlen, die, aus sicherem Versteck entsandt, in riesigem Umkreis alles vernichten, was auf ihrem Wege liegt. Der Strom kann verstärkt, Distanz und Wirkung nach Belieben vervielfacht werden.

Der T o d e s s t r a h l : er sitzt der Menschheit wie ein Floh im Ohr!

G. M., der Erfinder, Matter-of-fact-Mensch und Phantast, Menschheitswohltäter und Charlatan, fliegt seit Wochen zwischen London und Paris hin und her. Mögen sich andre, philanthropische, schizophrene Tröpfe ihre Erfindungen stehlen oder für ein Butterbrot abjagen lassen und dann zusehen, wie die großen Taschen der Industrie sich mit dem Ertrag füllen – G. M. weiß: obzwar seine Erfindung noch unvollkommen, vage, zweifelhaft ist: die Gedanken der Menschheit sind unterhöhlt vom Militarismus, der Sucht, zu zerstören, – G. M. wartet. Er hört seine Zeit heranschwirren. Er kennt seinen Wert, den Preis, den der Erfinder von neuen, immer vollkommeneren Werkzeugen der Zerstörung fordern darf. An der Straßenecke: Trommeln, Hufgeklapper, Wehen roter Helmbüsche. G. M. trommelt ruhig an die Fensterscheibe. Warte nur, balde . . . .

Diese Zivilisation ist zu groß, zu stark geworden, aufgedunsen, in ihren Geweben zersetzt vom Gift des Militarismus. Sie ist organisch krank, todkrank, man kann ihr das Gift nicht mehr entziehen, sie würde an dieser Roßkur krepieren. Laßt sie doch krepieren. Eine Prise *Lewisite*, und sela!!

Die nächste wird ohne das Gift im Leibe zur Welt kommen und, wenn ihre Zeit da sein wird, eines natürlichen Todes sterben.

(NACHSCHRIFT ZU GRINDELL MATTHEWS)

Zwei Monate später sehe ich in London den Film: Der Todesstrahl.

Programm: Der Erfinder; der Apparat; die Bände voll Zeitungsausschnitten. (Musikbegleitung: Jazz, amerikanische Synkopen.) Der Strahl in Aktion: in einer Glasröhre wird auf zehn Meter Distanz ein Funke entzündet; in einer Pfanne explodiert Schießpulver; ein Motorrad in voller Fahrt stopt; fällt um. – Zweite Abteilung: eine Ratte wird in einem Käfig hereingebracht, der Strahl auf sie eingestellt, die Ratte fliegt auf den Rücken. (Musikbegleitung: Isoldens

Liebestod.) – Dritte Abteilung: Hügel bei Nacht; aus einem Panzerturm dirigieren abenteuerliche Ledergestalten den Strahl auf ein Feld heranschleichender Feldgrauer, sie fallen reihenweis um; Strahl fliegt in die Höhe: Aeroplane plumpsen brennend durch die Luft herunter. (Musikbegleitung: Nothung, Nothung, neidliches Schwert!)

LICHT, TON, BEWEGUNG DIESES ZEITALTERS

Mechanisch, mit metallischem Geklapper schiebt sich diese Zeit in ihr Grab. Tanzt sie, so tut sie's zu einer Musik, wie wenn ein Kran einen Stapel Wellblech von einem Lager aufs andere hinüber wirft. Der Rhythmus ihrer Lustigkeit ist knarrender, stampfender, kubistischer, mit Hupen, farbig rieselnden Lichtreklamen, Gliederverrenken, Geschlechtsteil an Geschlechtsteil aufeinanderreibender, Bauch an Bauch voreinander pressender, geiler Totentanz. Die Nüstern dieser Zeit stehen weit gespannt offen, als röchen sie aus dem Houbigant, dem Schweiß, dem sauren Aufstoßen in den Bars schon den fatalen prickelnden Odeur der sich rasch ausbreitenden absynthfarbigen Wolke heraus!

STILLSITZEND VOR DEM CAFÉ

London lernst du am besten vom Omnibusdach herab, Paris aber am Tischchen eines Boulevardcafés sitzend kennen. Setze dich und sperre Augen und Ohren auf, falls du solche in deinem Kopf hast.

Einen Schritt weit vor dir zieht die Menge bunt und quellend vorüber, drüben aber, hinter ihr, auf der anderen Seite der Straße erhebt sich ein Zaun vor einem Baugerüst, und auf diesem Zaun kleben Plakate. Optische Täuschung: zuweilen erscheint der Zaun mit den Plakaten ganz deutlich – die vorüberziehende Menge scheint transparent geworden, weht wie Luft daher – dann wieder ist es die Menge, jeder einzelne in der Menge, der, wie mit der Zeitlupe in einem zu langsamen Film aufgenommen, mit allen Einzelheiten peinlich sichtbar dahergeschlichen kommt, während der Zaun mit den Plakaten zauberhaft schnell von dannen schießt, Wandeldekoration, Schattenflächen, Schattenbuchstaben, ins Ungewisse forthuschend hinter der allzu phlegmatisch sich vorwärtsbewegenden Menschheit.

Der Zaun, die Plakate: Wahlaufrufe, Danksagungen, Manifeste.

Der elfte Mai mit dem Sieg des Linken Kartells ist eben vorüber. Friedlich kleben alle Parteien nebeneinander; von rechts nach links zu lesen: Léon Daudets Partei, Herriots Partei, Cachins Partei. Quer darüber eine riesige frische Affiche: Dank der republikanischen Union, Spitzenkandidat Fabry, an ihre Wähler; Dank und Gelöbnis.

(Wo aber blieben die Durchgefallenen? Sind sie etwa ihren Wählern keinen Dank schuldig? Stumm. Dürfen sich bei dem französischen Wahlsystem bedanken, das seine Tücken hat.) Allgemeine Verblüffung: dieser Linksruck bei den Wahlen Frankreichs, Englands; sicherlich vom Impuls des proletarischen Sieges Sowjetrußlands hervorgerufen, wie eine Wellenbewegung von Ost nach West über die Menschheit der Erde, die Völker der Kulturstaaten Europas – vorerst nur das Staunen, die Überraschung: sollte das Weltgewissen erwacht sein?

Die Zeit, sich zu erweisen, ist noch nicht gekommen. Skepsis links, Zuversicht in der Mitte, lauernde Erwartung rechts.

Das Volk!

Die Völker verstehen sich immer noch nicht. Ententen, Allianzen sind grell an die Oberfläche gepinselte Fetischbilder von gemeinsamen Interessen der Oberen. Darunter: ein Volk fremd dem andern. Nicht feind, nur fremd. Es ist lediglich Schuld der Oberen. Wo zwischen diesen und dem niederen Volk keine Isolierschicht besteht, dringt das Symbol der Gemeinschaft, die Zeichnung des Fetischs tiefer ins Fleisch. (Der Muschik in Marxstadt, in Samara, in Iwanowo-Wosnessensk weiß mehr vom Ruhr-Arbeiter als der Durchschnittsengländer in Dover vom Durchschnittsfranzosen in Calais. Ja sogar mehr als der Teetrinker im kosmopolitischen Pazifistensalon von seinem Nachbarn, der ihm den Zucker herüberreicht. Vielleicht wird sich das bald ändern.)

Immerhin hat der Franzose das Nachbarvolk zu spüren bekommen. Eine Stunde weit von der Gare de l'Est finden sich Spuren der Bekanntschaft.

Wir haben den Krieg geführt. *Wir!* sagt der Franzose. Und *wir* haben ihn gewonnen. Der Englishman? Der Amerikaner? Haha!! –

Kein Haß gegen den Deutschen. Eher ein wenig Mitleid, mit Ironie gefärbt, weil dem Nachbar ja doch alles nicht genützt hat.

In den sehr lehrreichen Pariser Vorstadtvarietés spielt der Deutsche auf der Bühne eine komische Rolle, der Engländer aber ist (wie vor dem Kriege!) Zielscheibe aggressiver Bosheiten. Die Niederlage (des anderen) scheint etwas Kläglich-Lächerliches an sich zu haben. Der Bloc National z. B. muß tüchtig herhalten. Clemenceaus mächtiger Protégé Georges Mandel heißt seit seinem Durchfall in der Gironde plötzlich Jerobeam Rothschild. So irgendwie verhält es sich mit dem »Boche« (um den man sich, mitsamt seinen inneren und äußeren Schmerzen, Nöten und Kalamitäten, seit er keine Wehrmacht besitzt, weniger kümmert, als der in der Psychose seines Zustandes befangene Deutsche das annimmt).

Paris ist die Stadt, in der im allgemeinen das Gegenteil geschieht. Der trockene Amerikaner schwitzt Alkohol aus allen Poren; dem steifen Engländer sind alle Scharniere geölt; der Deutsche verbrüdert sich; der Franzose ist ernst, arbeitsam, dezent und läßt dem Fremden seinen bunten Wahn, daß diese Stadt noch immer das »gai Paris« von 1900 ist!

Das alte Quartier Latin! Wo sind die p'tites femmes, die Verkäufer von allerhand Kinkerlitzchen vor den Café-Terrassen, die Monomes, die »Conspuez«-Schreier? Ja, sogar die Apéritifs auf den Tischchen sind rarer geworden. Der Konsum der Pernods, Dubonnets, Byrrhs ist gesunken, Sport hat den Alkohol verjagt, das Geld sitzt nicht locker, das Leben ist teurer geworden, der Student studiert. In Diskutierklubs der Intellektuellen, der Sozialisten, Anarchisten, der aufgerüttelten Bourgeoisie hat die Rhetorik zu Gunsten der Sachkenntnis, der Sachlichkeit an Wirkung etwas eingebüßt.

(N o t i z : In einem dieser Klubs hörte ich aus dem Munde eines alten Kämpfers für den Weltfrieden folgende Äußerung: »Die Deutschen, wie haben sie's gut! Während unsere armen Jungen in den Kasernen ihre Dienstzeit abbüßen, sitzt der vom Militärzwang befreite deutsche Jüngling in den Laboratorien seiner Hochschulen, bildet sich in den Wissenschaften aus, um uns im nächsten Weltkrieg um so vernichtender zu schlagen! Nieder mit der Wehrpflicht!«)

Zwischen den Menschen, die an mir vorüberziehen, und den plakatbeklebten Zäunen, die stillestehen, schießt der betäubende Verkehr der Taxis, der Lastfuhrwerke, der Autobusse ratternd und stampfend dahin. Altes Quartier Latin – da bist du ja auch wieder, lieber Omnibus der Jugendzeit: Batignolles–Clichy–Odéon, oder, wie wir dich liebevoll nannten: Batigny–Clichon–Odéolles!

Neben mir sprechen zwei junge Menschen über die Vorteile des Listenwahlsystems zum deutschen Reichstag gegen das absurde Kompensationssystem zum Palais Bourbon. Die Wirklichkeit!

Was will der langsame Trott der politischen Evolution, wie soll er Schritt halten mit dem vorwärts stürzenden Drängen der ratternden Wissenschaft, der Maschine, des von den Interessen der Oberen getriebenen Apparats? Die Evolution!!

UNTER DEN RÄDERN

Zuweilen, in der Menge – ein bekanntes Gesicht! Von damals – von 1895, von 1900, von 1910 – ein bekanntes Gesicht, wenn auch gealtert, wenn auch verwittert; ein Quartiergesicht, ein Gesicht vom Boulevard St. Michel – wie sollte ich mich ihrer nicht erinnern, dieser vagen, verschwimmenden Larven meiner Jugendzeit!

Bettler! Ihr Langsamen, Demütigen! Stoiker, Weise, mit euren runzligen, grauen, wirrbärtigen Gesichtern, Diogenese, denen die Mitwelt Tonne und Laterne genommen und nur einen alten Stock gelassen hat, mit dem ihr unter den Tischen nach Tabakstummeln stochert!

Zigarren sind rar geworden, nicht wahr, Freund? und auch die Zigarettenstümpfchen fast bis ans Ende geraucht. Hier, unter meinem Tisch, liegt eine, sie ist noch leidlich ganz. Geh nicht vorüber, Freund, Schicksalsgenosse – hebe sie auf, sie ist ja noch fast ganz, das Papier nur wenig beschmutzt.

Einst waren wir jung, nicht? hier in diesem selben Quartier. Den Krieg haben wir überstanden! Langsam kriechen wir über diese Erde – aber oben! oben! Die anderen, die Jungen, die Frischen, die Starken, sie liegen unten! unten liegen sie still!

Immer leben wir noch, wollen leben, trotz allem, trotz Enttäuschungen, Not, Armut, Krankheit, die Frau zur Dirne geworden, der Freund zum Verräter, und trotzdem, trotz allem, immer noch leben wollen, leben!

Was ist das nun, Genosse, Freund aus der Jugendzeit, noch mehr des Alters – diese Gier der Seele? die noch zunimmt mit den Jahren?

Alles sehen, erleben, fühlen, mitfühlen wollen; alles aufnehmen, aufheben, in den Mund stecken wollen; leben, leben! Also dies ist Altwerden? Dies?

Das Leben kann mit dem Tod nicht aufhören. Krieg, Mord, Not, Verzweiflung tötet diese ungestüme, diese ungeheure Kraft in uns nicht ab. Das ist ein Ergebnis.

Verändertes Leben, veränderte Zeit; Gefährten, Freunde, ihr Säumenden, von Tisch zu Tisch mit gesenktem Blick Schleichenden – immerhin in dieser Stadt, in der jede Straße zu einem Stern führt!

HERRENMODEN

Man trägt in diesem Jahr keine Prothesen mehr, sondern leere Ärmel, mit Nadeln dort aufgesteckt, wo einst die Schulter gesessen hat.

Krücken sind unter den Achseln gepolstert und münden auf dem Pflaster in Gummi.

Fehlen beide Arme, so hält man bei patriotischen Anlässen, Parade, Präsidentenwahl, Olympischen Spielen, die Fähnchen mit den Farben der Nation zwischen den Zähnen. Fehlt der Unterkiefer, zwischen Nase und Oberlippe. –

FEMMES

Diese Regierung gibt euch das Wahlrecht! Geduld! Bald sitzt ihr im Palais Bourbon!

Darnach müßte sich der Aspekt der französischen Frau in der Gesellschaft, die auf Männerrecht, Männervorrecht beruht, wesentlich geändert haben.

Im Krieg waren sie nicht aktiv, haben alle Leidenschaften in sich hineingefressen, Wut, Blutrausch, Angst, Hoffnung. Bei der einen hat es sich auf die Nieren gelagert, mächtiger Aufschwung des Kirchenglaubens, bei der anderen aber schlägt's an die Oberfläche, in wahnwitziger Bemalung, die an Südsee-Idole, aus ägyptischen Gräbern auferstandene Pharaonenkebse oder an primitiv angestrichene Jahrmarkts-Holzpuppen erinnert.

Kirschrotes rundes Leckmäulchen im ockergelb geschminkten Angesicht. Talergroße kreisrunde Zinnoberflecken auf den Bäckchen. Bunte enge Hemden den schmalen Körper entlang. Eckige, große, laszive Hände, nackt und schamlos mit dem priapförmigen Schirmgriff spielend.

In den Theatern, die auf Fremdenbesuch eingerichtet sind – zwei Drittel führen das appetitreizende »Nu« im Schild –, zieht die weibliche Komparserie splitternackt, mattbemalt und gepudert wie Gummipuppen unwirklich auf; auf der Straße, in den Salons, den Logen, überall, wo die Eleganz zu Hause ist, der Reichtum sich vergnügt, das Behagen sich überkugelt, starre Götzenbilder, Menetekel, Kultdämonen des Verfalls, der bevorstehenden Auflösung.

Wie soll die Frau das Wahlrecht erhalten, wo sie, als Geschlechtstier halb verachtet, sich zur anderen Hälfte in den Händen des Klerus befindet?

JARDIN DU LUXEMBOURG

Vom pazifistischen Professor kommend, ins Luxembourg.

An den Mauern riesige Plakate, seit den Wahlen neu. Rechts ein deutsches Riesenbaby, an seiner Pfote lutschend, links der kümmerliche französische Säugling, ängstlich nach dem großen Napfkuchen hinter sich schielend – darunter Zahlen.

1922 wurden geboren: 760 000 französ. Kinder

1922 wurden geboren: 1 450 000 deutsche Kinder.

Aufruf: Mehr Kinder. An die gegenwärtigen Wähler, die künftigen Wählerinnen, dieser Notschrei. (Wird man ihnen das Wahlrecht geben, diesen Geschlechtstieren, Luxusweibchen, Frühmesseläuferinnen, Gebärmaschinen?)

Der Ton des Aufrufs klingt jedenfalls kläglicher, als des alten Tigers Clemenceau Schlachtgeheul: zwanzig Millionen Deutsche zu viel!

Der pazifistische Professor sagt: das Volk, das große Reservoir, aus dem die französischen Genies herkommen – das französische Proletariat muß aufgefüllt werden! Er beginnt, herzuzählen: Pasteur – aber schon bei Renan stockt er. Der stammt nicht aus dem Proletariat! Das große Reservoir!

Ihr lieblichen Blumenbeete, Baumwege, Alleen des Luxembourg, wieder unter euch! Sieh da – eine neue Stele, ein Denkmal, das ich noch nicht kenne: Madame de Ségur, née Rostopchine – oh, Bibliothèque Rose, ihr seligen Bücher der Kindheit!

Es war gut und schön, »c'était bien français!«, der Dichterin der Bibliothèque Rose ein Denkmal zu setzen, hier im Park, der bis zum Abend von Kinderlärm, Spiel und Jauchzen widerhallt!

Heute besonders ist er voll von Nounous mit ihren Pfleglingen, Bonnen und Müttern mit zarten, hold daherzwitschernden Engelchen.

Da: ein Rundtanz, Reigen, beaufsichtigt von zwei Frauen in Nonnentracht. Kleine Wesen in dunklen Kapuzenkittelchen, einer Art Uniform, tanzen Ringelreih.

Ich erkundige mich: es sind Waisenkinder, Kriegswaisen.

Sie halten sich bei den Händchen, drehn sich rasch im Kreise, lachen und singen:

>»Malbrouck s'en va-t-en guerre,
>Mironton, Mironton, Mirontaine . .«

und dann:

>»Ne sait, qu'en reviendra . .«

Das große Reservoir! Der große Napfkuchen!

SCHATTEN

I.

Sie stammt aus der Zeit zwischen zwei Kriegen, aus den friedlichen, genußsüchtig heiteren, nur ein wenig panamistisch und dreyfusistisch angekränkelten Jahren 1892–98 der dritten Republik.

Man hat sie ausgegraben. –

Allabendlich singt sie in den Elysäischen Gefilden, in den »Ambassadeurs« ihr altes Repertoire. Sie ist recht dick geworden, hat aber ihre roten Haare, ihr grünes Kleid, ihre langen schwarzen Handschuhe beibehalten. Sie schiebt, während sie die Pointe herausarbeitet, ihr Kinn zur spitzen Nase hinauf, wie Toulouse-Lautrec, der Zwerg, sie für ewige Zeiten gemalt, radiert, gekritzelt hat. Sie ist noch immer die Einzige, die Diva, die von keiner Erreichte, sie steht da, singt:

>»Un fiacre roulait, trottinant,
>Cahin, cahant, hédia hoplà!«

sie singt des weiteren »la glue«:

>». . . t'as tu fait mal, mon enfant??«

sie singt mit ihrem tonlosen, fistelnden Näseln, daß dir alle Jahre deines Lebens aufsteigen, seit du sie zum erstenmal gehört, erlebt hast: Yvette Guilbert!

Einst, so erzählt sie, hat der Konkurrent von nebenan in den Champs, die »Horloge«, um zehn Uhr dreißig, wenn sie ihre Couplets zu singen anfing, acht Trompeter und eine bellende Hundemeute losgelassen – die »Ambassadeurs« sind ja unter freiem Himmel, von der Straße nur durch eine Leinwand getrennt –, es hat ihrem Ruhm keinen Abbruch getan.

Jetzt ist er, durch die Autohupen der Zeit, leicht entmaterialisiert. Die »Ambass« nicht gerade überfüllt. Draußen rast auch zu dieser nächtlichen Stunde der Verkehr in seinen geräuschvollen Bahnen dahin. Yvette steht da, braucht Geld, schiebt das Kinn in die Höhe, näselt, aber sie ist, immer, immer noch, wie damals in den »Elysées Montmarte« – die Einzige, Niewiederkehrende, Genius und Geißel der Bourgeoisie – Yvette! –

II.

Nicht weit vom Palais Bourbon, an der Kreuzung des Boulevard St. Germain, steht auf niederem Sockel, fast auf dem Straßenniveau, knapp lebensgroß und aus Erz gegossen, einer, der so gut wie tot ist – obzwar es kaum ein Menschenalter her ist, daß man ihn zu Grabe trug; obzwar er ein braver, demokratischer Verkünder der klein-bürgerlichen Anständigkeit war – dieses Ideals, das hierzulande der nationale Standard ist, an dem hundert Schritte weiter die Männer des siegreichen Linksblocks im Palais Bourbon gemessen werden und das die Tugend der III. Republik bestimmt.

»Il était un petit épicier de Montrouge . . .« Er war ein braver Bür-ger und Mensch; die Vorzugsschüler der Lyzeen erhielten nach der Prüfung seine Werke in Saffianband eingehändigt; er half Verlaine, daß er am Leben bleibe; er tat Gutes; junge Dichter kamen mit ihren Versen zu ihm, alte, schiffbrüchige, mit ihrem Hute voran . . .

François Coppée. Wer denkt noch an ihn? Ja – wie schreibt er sich – mit é, mit ée? Man wird auf dem Sockel nachsehen müssen . . .

Und war doch, kaum ist's ein Menschenalter her, der geliebteste, der Sänger des kleinen Mannes, des Volkes, der Bescheidenen, Be-drückten, der »Humbles« . . .

III.

Schmale, schiefe Säule, ungeschickt verfertigt und aufgestellt in der Ecke beim Odéontor des Luxembourg. Verwitterter Bronzekopf oben aufgestülpt oder angeschraubt . . . ich liebe sie sehr, beide, Kopf und Säule, denn sie tragen die Jahreszahl 1895, und ich war bei ihrer Enthüllung dabei.

Murger! wie bist du verwittert, alter Bettler!

Der Baum über dir ist ja mächtig in die Breite gewachsen, höre mal! Ein Ast über deinem kahlen Schädel, der auch dann unsterblich wäre, hätte er nicht die »Vie de Bohème«, sondern nur den Wahlspruch ausgeheckt:

»Il y a des années, ou l'on n'est pas en train!« – ein Ast beschattet und verdeckt dich ganz. Vögel zwitschern auf ihm, und die Tränen, hell auf deinem verwitterten Gesicht, fließen nicht aus deinen Augen, sondern beginnen schon höher, von deinem liederlichen Scheitel herunter zu rinnen.

IV.

Rue des Beaux Arts, Hôtel d'Alsace.

In seinen guten Tagen, in der Tite Street, in Chelsea, da wollte er sein Leben auf solche Weise in die Höhe leben, daß es seines blauen chinesischen Porzellans würdig werde. Dann fiel er tief, purzelte durch die irdische Hölle in das Profunde hinab, in dem er seiner Ballade begegnete, C.3.3. wurde unter den anderen Verdammten.

Jetzt hat ein amerikanischer Snob seine beiden Schmerzensstuben, Sterbekammern, mit billigen »ägyptischen« Wandteppichen, wie sie die Straßenverkäufer vor den Kaffeehausterrassen Alexandriens für ein paar Piaster den Fremden aufschwatzen, behängt und tapeziert. Gewiß sitzt er, mit grünen Tränken reichlich vollgesogen, in dem inneren, engen Kabinett, durch dessen Fenster der bei lebendigem Leib Verfaulende einst auf dieselben Bäume im engen Hof hinterm Haus hinausblickte, und verfertigt billige, schlechte Verse, die sich zu denen des ehemaligen Bewohners verhalten wie diese ägyptischen Teppiche überm Bett zu den Figuren von Sakkara. Gewiß auch gibt er ästhetischen Misses an Empfangsnachmittagen Tee und Toast und parfümierte Zigaretten, während er langsam und genießerisch seine Gedichte auf der Zunge zergehen läßt . . .

Was zum Teufel stochere ich in all diesen vermoderten Winkeln herum? Bin doch noch ziemlich lebendig! Ja, und damit ich's nicht vergesse –

V.

auch die Morgue ist nicht mehr da; die permanente Ausstellung der graugrünlichen Makkabäer hinter dicken angelaufenen Spiegelscheiben, sie ist zu.

Vor Jahren begegneten wir uns zuweilen in dem sinistren Häuschen hinter Notre Dame, Alfred Jarry, der Dichter des »Ubu Roy«, und ich.

Jarry wohnte damals in einem verfallenen Haus der St. Louis-Insel, er kam jeden Morgen herüber, um vor den Wasserleichen sein Frühstücksbrötchen zu verzehren. Er behauptete, es fördere den Appetit, »de manger son petit pain à la face des morts!«

LOUVRE

Vor der Venus von Milo.

Zwei wunderschöne Frauen, Engländerinnen, eine weißhaarige, eine ganz junge, blonde; beide in hellen zarten Kleidern. Zwischen ihnen ein junger Mann, dessen Arme die Frauen unterfaßt halten. Er hat einen kleinen bunten Streifen im Knopfloch.

Die junge Frau liest, Sie liest laut aus dem Reiseführer, was dort über die Venus steht. Der junge Mann hört mit leisem Lächeln zu. Er ist blind.

Er sieht die Statue; er sieht Venus.

Die beiden Frauen sind bei ihm.

Der Sinn ist wach.

LUXEMBOURG-MUSEUM

Hier, im zweiten Saal, links hinter der Galerie der Skulpturen, hing einst das Bild eines nicht mehr jungen, augenscheinlich früh gealterten Mannes, schmales, byzantinisch langes Gesicht, graue Fäden im Bart, bläuliche Töne der Erschöpfung über den versteinten Zügen. In der blassen, von der Ausschweifung und dem Tod verzehrten Hand eine blühende Distel, blau und grau.

Wie vor Jahren gehe ich durch die Säle gerade auf dieses Bild zu. Finde es nicht. L'homme au chardon . . .

Verschwunden. Ich werde den Wächter fragen.

Ringsum hängen Bilder, sind da; und sind mir doch, ich weiß nicht wie, trist und, gleichmütig fühle ich's, abhandengekommen. Für immer.

Moreau, Carrière, Fantin-Latour und dieser Le Sidaner, den ich einst liebte wie den jungen, verschleierten Maeterlinck! Zwei unbekannte Bilder des frühen Degas: »Les malheurs de la Ville d'Orleans« und »Semiramis baut eine Stadt«, – überraschend, wie Puvis und dieser, der der Entwicklung vorausgelaufen ist, von Piero della Francesca und dem Sienesen Simone Martino herkommen, Zeitgenossen der englischen Präraffaeliten, die mir auch schon zu verstauben beginnen! – was ist das nur; ist eine Scheibe blind im innern Glaspalast? Spinnweb? Kalk?

Ein kühles Quaibild aus Rouen, von Marquet – und dann; die beiden van Goghs, das dunkle; »La guinguette« und das helle »Restaurant zur Sirene« – seit Manet hat es in der Malerei nichts Größeres gegeben! Der arme Tölpel schlägt mit seinen abgeschnittenen Eselsohren ringsum alles zu Scherben!

Aber wo, wo, wo ist der Mann mit der Distel? Ich suche, suche, zweimal, dreimal, frage den alten Wächter – –

Wie hieß doch der Maler?

Mein altes Paris – – –

Verschwunden. Wohin? Warum?

DIE HEILIGE WAND

Am fünfundzwanzigsten Mai ziehen Hunderttausend an der Mauer des Père Lachaise vorüber, von der die roten Kränze im Winde schwanken.

Ein paar uralte Leutchen haben sich vor der Mauer postiert, an ihnen zieht die Menge vorüber. Der prächtige, rotbäckige, weißbärtige Camélinat, Direktor der Münze in der Kommüne, hält seinen Schlapphut hoch in der emporgereckten Rechten:

»Mort à la bourgeoisie!«

»Mort!« antwortet die Menge.

Der Alte breitet die Arme weit aus, drückt den Hut an die Brust, wie um die Hunderttausend zu umarmen.

»La Commune! La Commune! Vive la Commune!«

Den Blick gebannt auf die Wand, vor der die Föderierten unter den Kugeln der Versailler starben, ziehen die Massen vorüber. Es sind Kommunisten.

Von der Mauer her, als dröhne die Mauer selber das Wort:

»Lenin!«

Der Hügel, gegenüber, antwortet:

»Vive la Russie!«

Die Alten vor der Mauer recken die weißen Köpfe:

»La Russie! La Russie!«

Aus einer Gruppe, irgendwoher, schrill und böse, vielstimmig ein kurzer Schrei:

»Vivent nos frères au Solowjetzki!«

Es sind Sozialdemokraten, Menschewisten, Anarchosyndikalisten. Kurz und hart, Getümmel, dann wieder Ordnung.

»La Commune! La Commune!«

Der Regen peitscht die roten Fahnen, die Schleifen der Kränze, die weißen Haare der alten Kommünarden. In endloser Reihe zieht das Proletariat Frankreichs, der Welt, an der heiligen Wand vorüber, unter Regenstürmen, Blitz und Donner.

EIN GRAB

Unter dem Scheitelpunkt der Triumphpforte, am Etoile, dem Stern, der alle Straßen dieser wunderbaren Stadt auszustrahlen scheint, ist eine Marmorplatte in den Boden gemauert. Blühende Blumen umrahmen sie, oft erneut. Immer stehen Menschen, knien Menschen um dieses Grab. Alte Frauen weinen, kleine Kinder schmiegen sich an ihre betenden Mütter und haben die Händchen gefaltet. Hie und da steht eine der Knienden auf, bekreuzigt sich, geht ans Kopfende der Grabplatte, wo aus dem Boden meterhoch eine Flamme emporschlägt, streckt die Hände gegen die Flamme aus und bekreuzigt sich abermals, mit einem glühenden Kreuz.

Fünf Uhr nachmittags. Riesige Touristenwagen halten vor der Pforte, speien Cook-Amerikaner aus, die sich um ihren Führer drängen. Dieser, ein kurzbeiniger Italiener, mit dem Akzent des Mulberry-Dagos aus dem Newyorker Ostviertel, erklärt: in fünf Särgen hatte man fünf unkenntliche zerrissene Leichen gebettet. Ein Kind wurde vor die Särge geführt, wies mit dem Finger auf einen; der liegt nun unter der Platte. Ein unbekannter französischer Soldat – denn die Uniform war zu erkennen! – mort pour la Patrie. Hier, Ladies and Gentlemen, sehen sie die ewige Flamme brennen, sie steigt aus einem Kanonenrohr empor. – Wenden Sie bitte Ihre Blicke nach links: Sie sehen dort drüben das Hotel Astoria? Im Sommer 1914 ließ the Kaiser die Frontzimmer für sich reservieren, um dem Einzug seiner siegreichen Truppen durch den Arc de Triomphe zuzuschauen.

Gelehrig drehen die amerikanischen »Kautschukhälse« die Köpfe nach links, rechts, in die Höhe, zur Platte herunter.

Es ist sehr heiß, der Führer wischt sich das triefende Haar, den schwitzenden Hals. Eine alte Dame fragt:

»What's the idea of this fire?«

Der Führer erklärt: es ist ein Symbol, Madam, Pietät, eine ganze Nation . . .

Vierschrötig schiebt sich einer an die Flamme heran, zeigt mit dem Finger:

»What do they burn? Oil?«

OLYMPIADE

Mitten aus ihren Kämpfen schickten die hadernden Städte Sparta und Athen alle vier Jahre die Blüte ihrer Jugend zu den friedlichen Spielen der Kraft und Geschicklichkeit nach Olympia.

Das Stadium in der Vorstadt Colombes ist überfüllt, denn heute kämpft die noch unbesiegte Fußballmannschaft Uruguays gegen Frankreich.

(In einem anderen Stadium, am andern Ende der Stadt, boxt der französische Champion vor überfüllten Tribünen mit dem englischen. Am gleichen Tag tritt, ziemlich unbemerkt, Herriots Regierung ihre Herrschaft über die Geschicke des französischen Volkes an.)

Der Ball fliegt!

Die Uruguayer sind allen Nationen überlegen. Der Tag, an dem sie die Schweiz besiegt haben, wurde in Montevideo zum Nationalfeiertag erklärt (in Bern zum Trauertag). Heute ist Uruguay ein wenig befangen, denn letzten Sonntag wurde die amerikanische Mannschaft, als sie nach ihrem Siege über Frankreich das Stadium mit wehenden Fahnen verließ, von der ungehaltenen Menge durchgeprügelt, von Stars and Stripes blieben nur Stripes übrig . . .

Neben mir spielt ein kleiner, schwitzender, olivbrauner Indianermischling aufgeregt mit seinem weißen und blauen Fähnchen herum – da: das kluge Uruguay hat seine Gegner das erste Tor gewinnen lassen!!

Das Stadium ist auf den Beinen, alle Trikoloren sind in Bewegung. Nachher wird Frankreich fünfmal geschlagen, aber zum Schluß trägt die Menge Uruguay auf den Schultern zum Stadium hinaus.

Im Lexikon Larousse schlage ich nach: »Heer: 8 Bataillone und 9 Kompagnien Infanterie, 2 Feldartillerie-Regimenter, 1 Mitrailleusen-Kompagnie, 1 Geniepark etc. etc., Friedensstärke 667 Offiziere, 7580 Mann; Polizeitruppen 5000 etc. etc.; Flotte: 12 Fahrzeuge, Bewaffnung (1908) Mausergewehr 7 mm.« Einfach lächerlich. – Vive l'Uruguay!!

AUSFLUG IN DIE PROVINZ

Im strahlenden Sommersonnenschein: die Kathedrale von Chartres!

Wer sie nur aus Büchern kennt, und sei es Huysmans' Hymne, wer sie nur aus Bildern kennt, wer sie nur von außen gesehen hat, weiß nichts von ihr, nichts von der Gothik, nichts vom Mittelalter,» dem enormen, dem zarten.« Im magisch beleuchteten Schiff mit dem Rücken gegen den Altar sitzend (»ce n'est pas convenable, Monsieur! voyons!!«), in anbetende Betrachtung ihrer bunten Fenster, ihrer Wimperge versunken, erlebst du deine Versöhnung mit dem Leben, den Menschen, dem Zeitalter und Gott.

Aus himmelblauen Glassplittern, die das Paradies verkünden, in einem Blau, das nur der Selige, in die Ewigkeit Eingegangene, der Verklärte zu fühlen weiß, aus honiggelben und erdbraunen glühen kleine Gestalten purpurn her vor. Kleine Geister der wildsüßen, dumpfen, von Blut und Weihrauch dampfenden Jahrhunderte, schwebend in der überirdischen Transparenz des Himmelslichts, gefangen nur und festgehalten von bleiern starr umzirkeltem Gesetz. Viele tausend kleine Gestalten, kniende, emporgereckte Heilige, Märtyrer, brennende Sünder, Stadtväter, Bischöfe, Mönche, Soldaten. Schließlich ist es nur noch dieses Blau, diese eine Farbe, der Himmel! –

Bei der Table d'hôte im kleinen Gasthaus am Marktplatz sitzt neben mir ein alter freundlicher Bauer, Cultivateur aus der Dordogne. Er erzählt mir seine Geschichte, die an ihm herumzubohren scheint: wieso und auf Grund welcher Machenschaften er aus seinem Ehrenamt verdrängt worden ist; zehn Jahre lang war er Maire seines Dorfes, und jetzt ist's ein anderer! So, so. Ja, es ist überall dasselbe. »L'impudence des jeunes, monsieur, le mérite, ça ne compte plus!« Ich frage ihn nach der neuen Politik seines Landes und was er von ihr hält; Poincaré erledigt, Herriot im Aufstieg. Der Alte schiebt ein Stück Roquefort mit dem Messer in den Mund, kaut und spricht: »Ah, cher Monsieur! le Cartel des Gauches, le Bloc National – c'est kifkif: le Boche ne payera pas!«

Rasch noch einmal, ehe der Zug pfeift, zurück zur Kathedrale. Der Engel mit der breiten Sonnenuhr im Arm ist wie aus gesponnenem Glas, rieselnd und immateriell; ein leiser Schatten, schräg über dem Stein, zeigt an, daß es schon Abend wird. Drin ab er, auf dem himmelfarbenen Fenster, glühen noch die winzigen, inbrünstigen Purpurfiguren der Beter, kleine Kreaturen voll ungebrochener Instinkte, trotz Höllenstrafenfurcht, Fegfeuer, irdischer Heimsuchung und ewiger Pein, im Aufblick zur göttlichen Glorie, dem schwärmerischen Blau vor der sinkenden Sonne!

UTRILLO UND MONTMARTRE

Bei Bernheim, dann in der Rue de la Boëtie bei Guilleaume: der Maler Utrillo.

Utrillo, vierzigjährig, arm, krank, im Hospital, delirium tremens, erledigt, – nie habe ich vor den elenden, rissigen, mit nackten Feuermauern auf unbebaute, plankenumzäunte Schutthaufen starrenden Vorstadthäusern, diesen verfallenen, stinkenden, muffigen Mietsbaracken, so innig die Gewißheit gehabt: daß Menschen in ihnen wohnten. Nie so gerührt, mit ein wenig feuchtem Lächeln des Wiedererkennens die zarte, süße, von Sorgen zerquälte Physiognomie eines alten, verhutzelten Häusleins in einer krummen, bedrückten Vorstadtgasse, in der Arme wohnen, mit einer Kirche am Ende, in der es nach Abwasser riecht, entdeckt.

Utrillo, armer, verhungerter, mit schlechtem Fusel vollgepumpter Maler, krank und erledigt – wer hat je so süße Rosamauern, rosa wie arabische Zauberpaläste! schief, naiv, quadratisch genau auf eine Leinwand gepinselt wie dieser! Vielleicht noch der alte Pinsel Rousseau, der Douanier! Wie ein Kind, das den Scharlach hat, fiebernd im Bett einen Ausschneidebogen ungeschickt zusammenklebt, aufstellt und mit fliegenden Fingern streichelt, so malt er seine süßen, kahlen, armseligen, krummen, verträumten Montmartregassen. Er malt auch kleine Figuren hinein; zwischen seinen Häuschen mit den verliebten Farben Hellrosa, Grünlich und Zeisiggelb schieben sich immer wieder dieselben dunklen, grotesken menschlichen Kegel vorüber: dicke Vorstadtweiber, immer dieselben, von hinten gesehen, enorme, ausladende Brüste, enge Taille, enormer Podex – es ist bekannt: je hungriger der Maler, um so dicker seine Weiber –, aber die Erotik des armen Kranken, arm, krank und unvergänglich wie van Gogh, ist ganz in den zarten, liebenden, holden Farben, womit er seine Häuschen bestreicht, und in den naiven, graden Strichen, mit denen er Mauer, Dachfirst, Giebel und Kirchturm gegen die Atmosphäre abgrenzt, gegen die Luft, das Licht, das seine Bilder durch und durchzieht, belebend und beglückend.

Vielleicht müßte ich noch herschreiben, wieviel Herr Guilleaume für »einen Utrillo« verlangt. Ich würde es tun, wäre ich einer von jenen rührigen Kunstschreibern, die Maler loben, nachdem sie ihnen ihre Bilder abgeluchst haben. Nie, nie werde ich einen Utrillo besitzen! Aber es ist gar nicht nötig: sein süßes Rosa, Grün, Kanariengelb sitzt mir im Schädel fest, eine ganze Galerie von Utrillos, dauerhaft und unentwendbar.

Von Willette bis Utrillo – wie lieben sie ihn alle, diesen Berg, diesen seltsamen, lieblichen, naiven, verrotteten Haufen von Gäßchen, Kathedralen, Schuttlagern, Tanzmühlen, Klöstern und Bordellen. Seine Maler hat der Montmartre, aber seinen Sänger noch nicht gefunden. Kläglich ist es um das Volkslied dieser Stadt bestellt, in diesem Land, in dem ja doch nach dem Sprichwort »alles mit einem Lied enden« soll! Der populäre Rundgesang, die Ballade, die auf den Vorstadtsquares nach Fabrikschluß die Straßensänger dem Arbeiter, der Arbeiterin vorsingen, um etliche Sous gedruckt verkaufen – sie sind billige, schlechte, nachgeahmte Apachenromantik. Als gäbe es keine andere. Als hätte das Großstadtproletariat nicht das seine. Das Lied der Butte – Bruant, der alte, rotbehemdete Sanskülott, hat es der Welt vorgesungen, und damals war etwas vom zerrenden, sich ausspeienden Haß der Enterbten, des vierten Standes, der Verdreckten, Ausgesogenen, der Rächer, Messerstecher, Zuhälter und Einbrecher darin, der Gehetzten, denen die klappernden Stiefel der Flics schon auf den Fersen sind, oben um das weiße Sacré Coeur –, aber daraus ist eine schundige, auf Fremdenfang ausgehende Fassadenblutrünstigkeit geworden, falsch und schrill zum Erbrechen; nichts enthält sie von der Seele des heiligen Berges;

die ist rosafarbig, kanarigelb, von innen glühend wie das arme ruinierte Hirn des liebenden Utrillo.

Frans Masereel wohnt oben auf der höchsten Spitze des Berges; unter seinem Fenster stürzt in festgefügten Kaskaden das Armeleuteviertel der nördlichen Vorstadt zu Tal.

Sonderbar ist diese Stadt! Sie wiegt sich in billigem Wohlbehagen, sie schwemmt sich mit leichtem Verdienst die Not der vergangenen Bedrängnis aus den Eingeweiden, sie läßt sich treiben in bescheidener Lebenslust, die gegen das Zentrum hin an Intensität, an Überhitztheit zunimmt, es quirlt nichts aus dem Urschlamm herauf, wie das etwa in Berlin der Fall ist, sie hört das Verhängnis nicht nahen, ein Fremder muß es ihr in die Ohren trompeten.

Mit Masereel, dem in seine Arbeit verbissenen, hageren, ernsten Flamen, Mönch und Handwerker des wilden Ujlenspiegel-Zeitalters, spreche ich oft über dieses unerklärliche Phänomen: sechs Jahre nach dem Krieg, sieben und sechs und vier und zwei nach den Revolutionen, die Europa erschüttert haben, gibt es wieder ausgebeutete, zynisch unterdrückte, verelendete, ihren Untergang, als wär's Schicksal, passiv erleidende Künstler, Dichter, Phantasiemenschen, junge Männer und Frauen, die ihr versiegendes Dasein resigniert dahinschleppen, und nebenan praßt der Parasit!

Daß ihre Revolte aus ihrem Winkel nicht emporschlägt! dem tödlichen Gas zuvorkommt, das diese Gesellschaftsordnung vernichten wird!

Daß ihre Revolte, im besten Fall, begrenzt bleibt im Ästhetischen! Daß ein Zustrom von schlagender Rebellion nicht die schwerfällige, versagende des übermüdeten Proletariats und seiner lahmen Führer vorwärtsstößt!

(Dafür: der allgemeine, internationale Klageruf des gelehrten Professors: mein Portier verdient mehr als ich! das Gekeif, das mit dem Schnabel Lospicken des Intellektuellen auf den Mitintellektuellen, statt gemeinsamen Losgehens gegen den Bedränger, den Ausbeuter, den Nutznießer geistiger und körperlicher Arbeit!)

SHOPPING ODER WAS BRINGE ICH MIT NACH HAUSE?

Eine Feststellung: die Lust an der Habe ist fort, weggefegt.

Freilich: das Heim ist beschmutzt, zerstört, gestohlen. Aber das ist es nicht allein. – Es ist keine Freude mehr an dem Auswählen, Mitnehmen, Vorgenuß des Aufstellens, Einreihens des schönen Gegenstandes, an der Bereicherung. Die Axt, die an diese Kulturperiode gelegt ist, hat ihren ersten Hieb an das wohlumfriedete bürgerliche Behagen des Heims getan. Das übelriechende dunstige Weltgericht wird die Kontur der äußeren Existenzform der Familie, des Individuums zerblasen.

Hierdurch: verändertes Spazierengehen durch die Stadt. Aus den Schaufenstern blicken dir nicht die kostbaren Dinge, die sich dort zu deiner Lust anhäufen, entgegen – die Scheibe schlägt dir den Reflex der Gasmaske, des grünlichen Totenschädels ins Gesicht zurück.

Wie wirkt *Lewisite* auf Ledereinband, Halbleinen, Pappband? Auf Kaiserlich Japan, Bütten, holzfreies, holzhaltiges Papier?

Über seine Wirkung auf animalisches Gewebe, Fleisch, Muskeln, Knochen, bin ich hinlänglich unterrichtet.

BLICK ÜBER PARIS

Vor dem Chevalier de la Barre. – Die Kirche hat ihn getötet, darum setzte ihm Paris, darum setzten ihm die Freidenker Frankreichs sein Denkmal vor das Sacré Coeur. Da steht er nun, der junge Märtyrer am Pfahl, als Wahrzeichen dessen, daß das Gewissen lebt, daß es einen Fortschritt gibt, daß die Welt nicht verloren ist . . .

Heute haben sie in der Grenelle-Vorstadt das Denkmal Zolas enthüllt. Pathos wälzte sich über das Standbild, die Erzfiguren Meuniers, als die Leinwand herunter war.

Staunend berichten die Zeitungen: an wie vielen Stellen heute in Paris, um Paris getanzt, gesungen, in historischen Kostümen aufmarschiert wird, Feste gefeiert werden.

Hier oben, wo ich stehe, ist es mir, als zische, züngle aus allen Straßen, Plätzen, Höfen von Paris Musik, Musik herauf. Endlos, von farbigen Flören umweht, von magischen Lichtern umflirrt, im zweideutigen Schein seiner magnetischen Atmosphäre sich badend, erstreckt sich dort unten Paris. Nach den bewaldeten Hügeln seiner Umgebung streckt es lange, graue, verschwimmende Fühler aus. In Wirklichkeit aber langt es über die ganze zivilisierte Welt, diesen Erdball, aus dessen verstecktesten, entlegensten Winkeln ihm heute Scharen zugelaufen sind, Hunderttausende, ja man spricht von Millionen – Lebensgieriger, Lustsüchtiger, die, unbewußt, gedrängt von dem Taumel der rasch zu Ende rollenden Epoche, ergriffen werden, mitgewirbelt sein wollen.

Träumend, wie betäubt, gehen zwei Schwarze in der menschenleeren Straße an mir vorüber, bleiben stehen, blicken auf die Stadt hinunter, strecken ihre melancholischen, sanften Köpfe dem Monstrum entgegen, das ihre Blicke an sich saugt, nicht mehr losläßt. . . .

Aus den Kashbas, den Wüstenstädten, aus den verschütteten Riesenstädten Asiens, des sagenhaften Chinas, des Götterlandes Tibet, aus den Nomadenhorden der Mongolei, dem Busch, den unerforschten Tiefen des australischen Kontinents, aus den Inseln des Archipels, den Dschungeln des Amazonas, dem Chaco, den Tafelbergen Feuerlands – herbei!!

Gestern noch flirrte die Stadt mit rieselnden Lichtreklamen, tobte das Barbarenbacchanal der zivilisierten Menschheit im Jazztakt wild durch die Straßen, die Squares, die Höfe; – heute liegt die Wolke, grünlich, schwer, und sinkt und dehnt breit sich aus über die Stadt, als wollte sie sie begatten. Sie sinkt, breitet sich aus, folgt den Lichtscheuen, den Maulwürfen, den Hamstern, den Dunkelmännern, den Goldschleppern, den gepuderten, geschminkten Puppen, den Lautsprechern und Rhetoren in die geheimsten, unterirdischen Gänge, Verästelungen, Schlupfwinkel der Katakomben nach, erreicht sie, schnürt ihnen die Gurgel zu, zerpflückt methodisch die animalischen Gewebe, Muskeln, Knochen . . .

Hier oben aber ragt die weiße Kathedrale, das Heilige Herz hoch über den Schwaden der vernichteten Stadt, in gereinigter Atmosphäre, in unirdische Himmelsbläue empor.

Was von denen dort unten, der zivilisierten Menschheit, übriggeblieben vor den Gasen sich retten konnte, von den hereinbrechenden Horden nicht zerstampft worden ist, liegt auf dem Bauch, über den Fliesen der weißen Kirche, den Bergabhang hinunter bis zum Chevalier de la Barre. Winselnd, nach Luft schnappend, Gebete hervorgurgelnd, den eignen Schweiß schluckend, der über ihr erstarrtes Gesicht zum Munde hineinläuft, liegen sie da, die Überlebenden.

Mit brüllendem Gedröhne schwingt das mächtige Glockenpaar in den Türmen über dem Gewimmer im Kirchenschiff der Berglehne hin und her. Es tönt nicht zum Preis der immer noch unbegriffenen Gottheit. *Dies irae* reißt an den Strängen, zuckend und blasphemisch.

Ein Kerl, wild und mit blauen Augen aus dem bärtigen Gesicht, sitzt an der Orgel. Er hat ein Messer zwischen den Zähnen und sitzt gebückt da, hat alle Register gezogen. Mit ungeübter Hand, mit einem Finger haut er auf die Klaviatur los, buchstabiert sich nach dem Gehör eine Melodie, einen Volksgesang, eine Hymne mühselig auf den Tasten vor. Die Hymne hat er daheim erlernt, er hat sie wohl tausendmal stehend mitgesungen, um ihn standen Menschen, Freunde, Genossen, die sie in allen Sprachen der Welt zugleich mit ihm sangen – die Melodie aber war die gleiche, eine Melodie, in Frankreich erdacht, jetzt nach Frankreich, in ihre Heimat zurückgekehrt.

Die Orgel übertönt das Glockengetöse, so mächtig tritt der Bursche mit seinen Baststiefeln auf den Bälgen herum. Alle Tore sind aufgerissen, Die Töne, einzeln, unregelmäßig übereinander kollernd, schlagen in immer breiteren Strömen wie Signale in die Welt ein. Über dem Tod, der mit seinem giftigen Hauch die Epoche vernichtet hat, sind, hier oben, die Verdammten dieser Erde endlich aufgewacht.

BATTLEFIELDS TOURS

An zwölf Straßenecken der Stadt drücken Anreißer den Passanten Zettel in die Hand:

The Somme Battles	*(ein Tag)*	*230 Francs*
The Marne Battles	*(zwei Tage)*	*325 Francs*
Château Thierry	*(ein Tag)*	*240 Francs*
Rheims and the Hindenburg Line	*(ein Tag)*	*175 Francs*
The Champagne, Argonne and Verdun Forts	*(zwei Tage)*	*475 Frs.*

Am sichersten fährst du mit Cook. Er ist sozusagen der General-
pächter der Schlachtfelder des großen Krieges. Konkurrenten mögen wohlfeilere Tarife haben, bei Cook bist du gut aufgehoben, alles
funktioniert vorzüglich, auch befindest du dich in bester Gesellschaft. Va pour R h e i m s !!

Am Bahnhof der tragischen Stadt, des vielbesuchten Fremdenor-
tes, nimmt Cook dich in Empfang. Du hast einen Eckplatz in dem
Riesenauto belegt und bist der einzige Nichtamerikaner unter den
dreißig Mitfahrenden.

Bei der Kathedrale beginnt die Tour; hier tritt das Megaphon in
Aktion:

»Auf diesem Fleck – Sie sehen dort die Ecke, Ladies and Gentlemen –, sind die zurückgelassenen deutschen Schwerverwundeten
verkohlt aufgefunden worden, nachdem das Dach, durch einen
Volltreffer in Flammen gesetzt, brennend und mit geschmolzenem
Blei auf das Strohlager herunterstürzte.«

Kurze Besichtigung des Winkels.

Megaphon: »R o c k e f e l l e r « – stürmisch drängen die Hörer sich
näher um den Erklärer –, »heute, gerade heute stand es in den Zeitungen zu lesen: der große John D. stiftet der französischen Regierung eine Million Dollar zur Wiederherstellung der zerstörten
Kunstschätze Frankreichs. Das Dach, Ladies and Gentlemen« –
dreißig Köpfe drehen sich nach oben – »Rockefeller schenkt der
Kathedrale ihr neues Dach. Wir fahren jetzt zum Lunch.«

Die amerikanische Fußballmannschaft, gestern durch Uruguay besiegt, stimmt zwischen Hors-d'oeuvre und Suppe: »Tipperary« an, zwischen Braten und Cremespeise, offenbar mit Beziehung auf die gestrige Niederlage, einen Chorgesang mit dem Refrain:

»Smile! Smile! Smile!«

Im wohligen Zustand der Verdauung läßt man sich vom mächtigen Auto durch die grauenhaft zerstörte Stadt fahren. Durch den Halbschlummer tönt die Botschaft des Megaphons: von den 14000 Häusern der Stadt sind nur 17 heil geblieben. Allmählich wachwerdend bemerkst du, daß Fabriken bereits allerorten wieder hergestellt sind, Häuser aber, bis auf einige Hotels, Restaurants, Waren und Andenken feilhaltende, nur in ganz geringer Zahl; daß außerdem das Theater in Trümmern daliegt, dafür aber Varietés in großer Menge bestehen – wie das bei zerschossenen Wäldern vorzukommen pflegt: die Stämme sind tot, das Unkraut wuchert wild.

»Hier«, so verkündet vom Chauffeurplatz der Erklärer: »hier sehen Sie, Ladies and Gentlemen, die weltberühmten Champagnerkellereien von Mumm – auf dem Rückweg unsere letzte Station.« (Die trockenen Amerikaner zwinkern sich zu.) »In diesen Kellereien, die sich 18 Kilometer lang unter der Erde erstrecken, lebten Tausende von Rheimser Bürgern, Männer, Frauen, Greise und Kinder, vier Jahre lang. Hier wurden Menschen geboren, hier starben Menschen. Kirche, Lazarett, Schulen, Wohnräume waren in diesen Kellern eingerichtet, die heute Eigentum der Société Vinicole bilden, da Mumm Boche war. Jetzt aber machen wir uns auf den Weg nach Berry au Bac, zur Höhe 108. Es ist eine schnurgerade Straße. Sie werden sehen.«

Berry au Bac. Vor einem kleinen Wirtshaus am Fuße der Höhe 108 machen wir Halt.

Die Höhe, um die die Aisne und der Aisne-Kanal herumfließen, ist ein Kreidekrater, unter dem, immer wieder verschüttet, immer wieder zum Himmel hinaufgeschleudert, seit 1918 in Frieden ausruhend, ungezählte Menschenskelette aller Nationen liegen.

Ich gehe allein den steilen Hügel hinauf, den weißen, hohen Rand des Kraters entlang. Zum erstenmal sehe ich aus den Augen meiner Fahrtgenossen Blitze zu mir herüberschießen. Ich gehe allein. S c h u l d i g!!

Ein Stückchen Erde hebe ich vom Boden auf, für meine Steinesammlung daheim. Es zerbröckelt fast zwischen den Fingern. Im Anfassen fühlt es sich an wie jenes andere Stückchen, das ich vor dritthalb Jahren in Jerusalem vor der Damaskuspforte aufhob, jedoch war jenes Stückchen vom Hügel Golgatha gelblicher. (Ob jener Hügel in der Tat Golgatha war, ist strittig. Die Höhe 108 aber ist authentisch.)

Auch Blumen wachsen im Geröll! Amerikanerinnen legen welche in ihr Reisebuch. Es sind von der Sonne gedörrte Pflänzchen, sie haben im kreidigen Boden Wurzeln gefaßt!

Unten im Estaminet kauft die Reisegesellschaft Postkarten ein, trinkt Limonade, Landwein. Auf einem primitiven Holzgestell ausgestreckt liegt der alte Wirt, mit khakifarbenem Militärrock angetan, den ein paar regenbogenfarbige Streifen sprenkeln. Seine Tochter (oder was sie sonst sein mag!) schenkt aus, verkauft, nimmt Geld ein. Der Adlerblick des Alten folgt jeder Bewegung des Mädchens. Wenn ein größerer Schein zu wechseln ist, zehn oder auch nur fünf Francs, dann steht der Alte ächzend und schnaufend auf, humpelt an den Schanktisch heran, schließt ein Fach auf, zu dem er den Schlüssel in der Tasche verwahrt hat, gibt Kleingeld heraus, versperrt den Schein und begibt sich ächzend und stöhnend zu seiner Liegestatt zurück.

Auf dem Weg zum *Chemin des Dames* wende ich mich noch einmal nach dem weißen Trichter dort hinten um. Die Mitfahrenden im Wagen haben sich rasch gefaßt. Wie gut, daß mein Platz ein Eckplatz ist, so habe ich nur einen Nachbarn. Sie fühlen sich nicht schuldig, diese neunundzwanzig. Warum ich? Weil sie mich so anblickten? Scham, Feindseligkeit, Haß – hinunter in den Trichter, in die Tiefe, zu den Leichen! –

An beiden Seiten des aufsteigenden Weges braunrote Vegetation; Stacheldrahtgras in wirren Büscheln über den Straßengraben. Wir fahren langsamer: ein Friedhof breitet sich vor uns aus, riesenhaft, unabsehbar. Kreuze, Kreuze, weiße und schwarze. Vor dem Eingang hält ein Militärauto, dem ein paar elegante Offiziere entsteigen; Franzosen, Amerikaner, ein Engländer.

Auch wir halten einen Augenblick, und ich lese die Namen von den Kreuzen der ersten Reihe ab: Caillet. Walsh. Dann: Frantz. Kieselwetter. Die deutschen Kreuze sind schwarz. Die der Alliierten weiß.

Im Weiterfahren, an einer Wegkreuzung, steht ein Denkmal für die Pioniere der neuen noch wenig erprobten Waffe, des Tanks. Sie fielen, denn die Waffe war noch nicht in dem Maße perfektioniert, wie sie das später geworden ist. Es ist eine sehr lange Liste von Namen auf einer Bronzeplatte.

Und hier sind wir bei der *Hindenburglinie* angelangt. Ausgestiegen!

Megaphon-Erklärung: Von der Schweiz bis Flandern reichte sie – dann aber kamen die Tanks, schon vervollkommnet und der Sieg!

Wir steigen tief ins Erdinnere hinunter. Haben das Menschen gebaut? Oder Urwesen? Etwa Zeitgenossen des Cro-Magnon-Menschen, des Aurignac-Menschen? Zyklopische Mauern aus Beton stützen die niedere Hügeldecke. Tiefe Schächte tun sich auf, Gänge, weit in den Hügel gebohrt. Ein in Achsen sich drehendes, ungeheures, ungeschlachtes Betontor verschließt, plump, aber minutiös und luftdicht, den Eingang, wie die Stahlkammer einer Bank.

»Hier, Ladies and Gentlemen, hat man sie gefaßt!« flüstert der Mann, der sein Megaphon im Wagen gelassen hat. »Bajonett und Handgranaten. Keiner kam lebend heraus!« Ich sehe mich, allein gehend, im niederen Zyklopenverlies um. Auf einen der Betonquerbalken hat ein Besucher mit Kreide geschrieben:

AKRON, OHIO, IS THE
PRETTIEST CITY OF U.S.A.

Hut ab, Hut ab, ihr Menschen, vor der Allbezwingerin, der obersten Göttin, der die Welt untertan ist, der ewigen, unbesieglichen menschlichen Dummheit!

Berry, Craonne, dann ein winziger, namenloser Fleck inmitten der entlegenen waldigen Wildnis am Damenweg. Es sind spärliche, bis auf den letzten Stein zusammengeschossene Hütten in einer zerstörten Gegend, und sie werden neu aufgebaut. Nur ein paar Häuschen, Ställe, Schuppen, Hütten sind's gewesen: Craonne, dann dieser Flecken am Chemin – aber hier war Heimat, und sie wird deshalb neu aufgerichtet. Dieser kleine, namenlose Flecken mitten in der hügeligen Wildnis, im tiefsten Frieden war er sicherlich eine harte Heimat, armselig und beschwerlichen Lebens voll. Und er wird zu neuem, sicherlich ungleich härterem, weit beschwerlicherem Leben aufgebaut, weil er Heimat war! Der Nationalismus aber . . .

Am Abend landet das Automobil bei der letzten Etappe, dem Mumm-Keller, den unterirdischen 18 Kilometern, die jetzt wieder ihrer ursprünglichen Bestimmung wiedergegeben sind.

»Auf den Korken, Ladies and Gentlemen, können sie noch den eingebrannten Namen Mumm lesen; die Kapseln aber tragen bereits die Firma Société Vinicole aufgeprägt.«

»Dry, Extra Dry ou Goût Americain?« fragt der junge, smarte Manager, der uns geführt hat, die Gesellschaft.

»*Goût americain, of course!*« antworten die Amerikaner im Chor. Dann bringen die Küfer Flaschen und Gläser herbei. »Wie ist das«, erkundige ich mich beim Manager, »hat der Konsum nicht sehr nachgelassen, seit die Staaten trockengelegt sind?« – »Ach nein«, antwortet er mir. »Im Gegenteil. Die Bootleggers sind ja weitaus rühriger als unser bester Agent es war. Auf die Gesellschaftsschicht, die Champagner trinkt, hat ja das Gesetz keine Anwendung.«

Bald ist der Staub der Straße, die Kreide der Höhe 108, durch die Kehlen abwärts in den Krater der Erinnerung gespült. Munter und mit vielen angeregten Reden, heiter und leicht angeheitert, wird die Cook-Gesellschaft zum Bahnhof zurückbefördert.

Ich habe mein Billett dritter Klasse nach Paris in der Tasche!

Adieu, Mitmenschen, hol euch der Teufel.

PARIS–LONDON DURCH DIE LUFT

Um zehn Uhr morgens vor dem Grand Hotel, Rue Scribe. Der Autoomnibus, der uns nach Le Bourget bringen soll, ist noch nicht zur Stelle. Es ist aber auch noch reichlich früh; außer mir hat sich von den Fluggästen nur ein junger Amerikaner eingefunden: Typus Farmerssohn aus dem mittleren Westen, breitschultrig und braun, Klubabzeichen im Knopfloch. Nachdem er sich vergewissert hat, daß ich mitfliege, beginnt er, etwas hastig, ein Gespräch. Er schwingt seine Zeitung in der Hand, spricht, mißbilligend und sich überstürzend, von Tagesereignissen, von Griechenland, vom Faschismus, von Mussolini, den er wie »Mäsolene« ausspricht. Dann unterbricht er sich plötzlich, schaut zum Himmelsausschnitt über der Rue Scribe hinauf: »nice morning!« und fragt nach einer Pause: ob die Gesellschaft etwa das Flugbillett zurücknimmt, wenn das Wetter jäh umschlägt? Ich bemerke, daß ja dazu heute wenig Aussicht sei. Er sieht mich an: nein, es war bloß eine Frage, rein theoretisch.

Der Bus fährt vor.

Aus dem Hotel kommen weitere Gäste, Franzosen, Amerikaner. Wir steigen ein, fahren in raschem Tempo durch die Stadt, von der ich Abschied nehme!, durch graue Fabrikvororte des Nordens, durch eine lange Allee, erreichen gegen elf Le Bourget und biegen in das Gelände des Flugplatzes ein, wo schon der Farman-Doppeldecker, Typ Goliath, auf uns wartet.

Ein junger Funktionär der »Messageries Aériennes« kommt, uniformiert und in militärischer Haltung, auf unseren Omnibus zu und unterhält sich mit dem Chauffeur auf Russisch. Im Schuppen werden unsere Pässe revidiert, wir unterfertigen die Erklärung: keine Schadenersatz-Ansprüche der Hinterbliebenen! Darauf vergebliches Angebot von Frühstückskörben, Obst und Likör, und wenige Minuten später sitzen wir, in enge Korbsessel gezwängt, je zwei nebeneinander, in der schmalen, spitz zulaufenden Kajüte.

Im ganzen sind wir, außer dem Piloten und dem Mechaniker, unser sechs, nicht mehr. Ich sitze gut und bequem, ganz vorne, Plaid und Reisebuch auf den Knien, Blechkübel unterm Sitz zwischen die Füße geklemmt. Neben mir ein junger, sehr eleganter Franzose, dem eine hübsche junge Frau das Geleit gegeben hat; zuvorkommendes Lächeln, er hat die Reise schon wiederholt gemacht, putzt sein Monokel, entfaltet das »Echo de Paris« und wechselt mit der Dame unten am Rasen Zeichen und Gebärden. Ein Blick nach hinten, der von den anderen als fröhliches Zunicken aufgefaßt und erwidert wird, denn unser Schiffchen ist in diesem Augenblick ins Laufen geraten. Vom Piloten ist nur die breite, ölbeschmierte untere Hälfte zu sehen, die obere ragt über die Kajüte empor; von hohem Sitz lenkt er, ein Steuermann, unser Schiff auf seiner luftigen Bahn. Draußen, hinter dem Fensterchen neben meinem Platz: die breiten gelben Tragflächen, einer der geölten, triefenden, komplizierten Motoren, ein Wirbelwind: der sausende, pfeifende Propeller.

Ein Atemzug – wir haben den Boden verlassen. Schon schweben wir leicht und ohne Schwanken, in spitzem Winkel, vom Erdball in die Höhe.

Eine Wolke! Unter weißen, eilig zerflatternden Fetzen sehe ich den Schatten, den sie auf eine Häusergruppe und die Hälfte einer Wiese unter uns wirft. Dann verschwindet das Dorf, und ich sehe nur noch die Wolke unter uns. So also sieht eine Wolke aus!! Mir ist, als sähe ich zum erstenmal eine Wolke, als hätte ich bis heute, bis zu diesem Augenblick nicht gewußt, was für ein Ding eine Wolke ist!

Jetzt aber geht es höher, höher. Mein Nachbar bietet mir Watte zum Zustopfen der Ohren an, denn das Propellergeräusch ist betäubend geworden; tiefer Orgelton dröhnt auf seinem Grunde. (Später bereue ich, daß ich das freundliche Angebot abgelehnt habe.) Wie zierlich ist der Teich von Enghien! Das Kasino – und hier: der Wald von Montmorency – wo liegt Jean Jacques' Häuschen? Ein Wasserlauf – dort, in der Ferne der klar gezeichnete graue Fleck, das ist Chantilly!

Nun fliegen wir hoch und geschwind. Zuweilen, beim Aufwärts-, beim Abwärtswechseln aus einer Luftschicht in die andere: leichter Lift-Schauer, nicht mehr.

Städtchen erscheinen, wohl abgegrenzt vom bebauten Land, sauber gezeichnet und kompakt: rote Dächer, ein Platz, nicht ganz im Zentrum der Zeichnung, und darauf etwas Graues, Schiefes, geringen Schatten Werfendes: die Kirche.

Felder. Viele Parallelogramme, fein und sicher geschnitten, gelb, braun, grün und rötlich koloriert und dicht nebeneinander gesetzt. Gut kultiviertes Land, gut ausgenützter Boden. Und wieder Parallelogramme; kleine rote Häusergruppen; grüne Flächen – aber alldies wie tot, gänzlich reglos. Da – ein Wald, mit einer dünnen gelben Scheitellinie in der Mitte, schnurgerade gezogen. Offenbar ein Hügel, dicht mit Bäumen bestanden, gepflegt, Jagdgrund. Und wieder diese bunt nebeneinandergesetzten, sauber ausgeschnittenen Parallelogramme, reglos, leblos, einförmig. Mein Nachbar liest seine Zeitung, ich habe keine mit . . .

Ach – eine Stadt, tief unten. Der Motor murrt, wir fliegen recht hoch. Sonderbar, dieses rötliche, kreisrunde Gebilde dort unten: es müssen schon ganz niedrige Häuschen sein! Aus dem putzigen Spielzeug hervor, auf gelb ausgespartem Fleck, jählings, als wiche die Stadt ehrerbietig vor ihr zurück, eine graue, aufrechte Schachtel – die Kathedrale, und ringsherum: Beauvais.

Beauvais und seine Kathedrale, berühmtes Chorgestühl . . . pfui Teufel, was ist das . . . berühmtes Chorgestühl . . . pfui, ein *Geruch* . . . im Mittelalter wurden hier die herrlichen Tapisserien . . . ein Blick über die Schulter: o weh, den Amerikaner hat's! . . . herrliche Tapisserien, Gobelins . . . Der Kerl, was fällt ihm ein, wir fliegen doch glatt wie über ein Parkett! Ich bemühe mich krampfhaft, aus dem Fenster hinaus zu schauen, auf Beauvais, die Kathedrale, das mittelalterliche Gewirr. Wäre der Raum unserer Kajüte nur nicht so eng, so dichtverschlossen. Mein Nachbar zieht, ohne das » Echo de Paris « wegzulegen, gelassen ein Seidentaschentuch aus dem Rock, vergräbt seine Nase darin . . . Gottverdammich, ich glaube gar . . . meine Füße krabbeln auf dem Boden . . . der Kübel . . .

Ich erhasche einen Blick meines Nachbarn über sein verdammtes »Echo« weg. Er presst sein Tüchlein dichter um die Nase . . . Nach vollbrachter Verrichtung schaue ich, kopfweherisch, in mein Reisebuch: der Ort, über dem wir jetzt schweben, nennt sich: *Crêvecoeur*. Vom Klang dieses Wortes wird mir's zum zweitenmal übel . . .

Aber nun ist's aus. – –

Wir fliegen recht hoch.

Wie unbeweglich alles! Langweilig. Langweilig!!

Das Land tot und stumm. Eine Fahrt im Bummelzug ist ja abwechslungsreicher. Als führte man den Finger über die Landkarte spazieren, so ist es. Parallelogramme, immer wieder gelb, grün, rötlich, eine auseinanderfließende Stadt, Abbeville, nicht das geringste Bewußtsein, daß dort unten Menschen leben, nicht das geringste Bewußtsein einer Gefahr: bloß Langeweile und komplizierter Gestank von Öl und von anderem! Dazu leiser Kopfschmerz. Der klemmende Sitz. Unmöglich aufzustehen. Furcht vor Urindrang. Neben mir links die entfaltete Zeitung mit leise schwingendem Rand, rechts das Fensterchen, unten ein wenig beschlagen.

Blick auf die Uhr: eine Stunde und achtzehn Minuten nach dem Aufflug in Paris erscheint in der Ferne leise heranlaufendes Blau: *der Kanal.*

Altes Städtchen, auf engem Dreieck an einer Flußmündung getürmt und aufgehäuft: le Crotoy, und das daneben ist: Berck.

Wir fliegen so tief, daß ich die Kabinen am Strand von Berck wahrzunehmen glaube, steigen aber, lavieren, experimentieren mit den Strömungen, bis über den drei weißen Leuchtturmnadeln von Paris-Plage stabile Fahrt erreicht ist.

Auch hier, die Küste entlang, die sonnige, sommerliche Küste entlang, alles leblos, ohne Regung. Nichts, nichts regt sich dort unten auf der farbigen, bläulich-weiß-gelblichen Landkarte. Sicherlich werden wir bald vom Land abbiegen, hinaus zur See, und es wird ohne lustige Scherereien mit Zoll, Paß, Trägern, hinundherlaufenden, aufgeregten Passagieren vor sich gehen, ohne das selige Anbordsteigen, Liegestuhlsuchen, ohne die tausend kleinen witzigen Lebenszufälle, die solch harmlosen Genuß verursachen: die Mitfahrenden freundlich Revue passieren lassen, das Meer wollüstig in Leibesnähe begrüßen!

Hoch, und vom monotonen Orgelgedröhn der Motoren, der Propeller begleitet, fliegen wir, fliegen wir weiter die wie mit der Schere ausgeschnittene Küste entlang, biegen dann, vor Boulogne, mit einemmal nach links ab. Cap Gris Nez ist, ausgezackt, in deutlicher Zeichnung zu sehn, trotz der Entfernung. Und jetzt, jetzt schwimmen wir, höher und höher ansteigend, im leuchtenden blauen Sonnenglanz, dröhnend über das Meer dahin.

Ich notiere mir: zwei Uhr zehn Minuten, und: wir sind überm Kanal.

Siebzehn Minuten später schreibe ich auf: Sandküste, gelb, dünenartig gerippt, in Sicht.

Durch den dröhnenden Schädel zieht, von irgendwoher, eine Erinnerung, ein Zweifel: Sandküste?? Kreideküste!! Weiß, nicht gelb! Aber da unten sehe ich genau: gelb, gelb, geripptes gelbes Gelände! Zwar über dem Gelb, leicht auflasiert, zittert bläulicher Schimmer, aber Gelb, Sand, untrüglich: gelbe Sanddünen.

Nun wird's offenbar: es ist seichtes Wasser über hohen Sandbänken! So seicht ist das Wasser an dieser Stelle!! Hier und dort ragen sogar scharfe gelbe Zacken, in welligen Kämmen fortlaufend, wie das Rückgrat eines halb versunkenen Riesenfisches aus dem Blauen spitz in den Sonnenschein hinauf, stechen in die Höhe – sollten das etwa die Godwin-Klippen sein, die gefährlichen, berüchtigten? Sollten sie hier gelagert sein, nicht weiter nördlich, zwischen Calais und Dover, oder vielleicht noch weiter nördlich?

Auf alle Fälle – hier sind gelbe Riffe, Dünenkämme mit transparentem bläulichen Schimmer darüber. Um zwei Uhr vierundvierzig ist das Meer blau, wird rasch veilchenblau, indigofarbig – und nicht lange nachher, zwei, drei Minuten später, weit weg noch zwar, aber wir nähern uns eilig, schießen förmlich in wilder Hast drauf los: aus dem Blau aufsteigend, emporquellend, die weiße Küste mit schmaler dunkler Decke – *England!*

Wie jauchzte sonst das Herz auf, wenn, ein wenig schräge, die Reling überschneidend, erst ein undeutliches Leuchten, dann deutlicher und heller, immer heller, weiß und hold, Englands Küste vor dem Blick sich hob! Jetzt: ein Blick auf die Uhr, eine Bleistiftnotiz ins Reisebuch: Englische Küste zwei Uhr siebenundfünfzig.

Und da fliegen wir auch schon über England.

Das Land: keine bunten, gradgeschnittenen Parallelogramme mehr: stumpf dunkelgrüner Rasen, dunkel und stumpf wie Moos, tiefer innen etwas hellere, ganz unregelmäßige Flächen, wie Puzzle-Ausschnitte, von tintenschwarzen Gebüschrändern eingefaßt. So liegt Kent, das liebliche, unter uns.

Hier und dort diffuse, offenbar mit grauem Stroh gedeckte Dörfer; die Straßen dunkel, wie Asphaltlinien; dann, mitten in dieser grün, stumpfgrau und dunkel, bizarr zugeschnittenen Landschaft: geometrisch, in peinlicher Symmetrie aufgezeichnete, mit bunten Punkten gesprenkelte Parks, alte, efeubewachsene Ecktürme an den Flanken grauer Tudor-Landsitze, mit schimmernden Terrassen, Treppen, glitzernden, glimmenden Gewächshäusern, langgestreckten Stallungen, künstlichen Teichen, die von Brücken, kleinen Inseln unterbrochen zu sein scheinen.

Welch ein Kontrast: jenes methodisch bebaute, sauber in kleinbesitzliche Parallelogramme eingeteilte Westfrankreich, die Picardie – und hier: das feudal großzügig brachliegende Weideland und Fuchsjagdgebiet Ostenglands, die Grafschaft Kent. Durch schmalen Wasserstreifen geschieden zwei Welten, zwei Lebensanschauungen, Nationalcharaktere: dort der *Proprio*, Kleinbürgertum der demokratischen dritten Republik – hier *his Lordship* und sein aristokratisch konservativer Großgrundbesitz!

Ach, hätte ich erst wieder festen Boden unter den Füßen, um über Agrarpolitik, Marxismus, Alliierte, Internationale, Nationalismus und Bodenreform in Ruhe nachzudenken! Der Unglücksmensch dahinten ist ja, dem Geruch nach zu urteilen, wieder, diesmal in England, sterbenskrank!! O liebliches Kent, wären wir doch schon in Surrey!!

Da stößt mich mein Nachbar an. Er hat das »Echo de Paris« weggelegt. (Dieses aufgespreizte Zeitungsblatt war mir während des ganzen Fluges ein Greuel, zuweilen glaubte ich seinetwegen mich erbrechen zu müssen, sicherlich werde ich die Worte: »Echo de Paris« nie wieder hören können, ohne Brechreiz aufsteigen zu fühlen!) Mein Nachbar weist auf ein paar glitzernde Tautropfen in der Ferne – dort, in irisierendem Nebel: London!

Jetzt fliegen wir, wenn ich dem Reisebuch Glauben schenken darf, über Sevenoaks, ich glaube sogar das Schloß Knole zu erkennen; das Glitzernde in weiter Ferne aber ist der Kristallpalast in der südlichen Vorstadt Sydenham.

Indes: noch ist's, ach Gott, nicht so weit: wir biegen, biegen, biegen ab, nach links, es biegt sich alles in mir, das ist ja eine elende Kurve – die Kajüte, die Tragflächen, unser Schiff gerät ins Schlingern, Nebel breiten sich zwischen dem Fensterchen vor mir und der Landschaft unter uns aus, der Horizont ist schief verrutscht – Rattern und Dröhnen scheinen besonders infernalisch die Atmosphäre zu erschüttern, die die große Stadt umlagert, einhüllt – da, o Herrgott sei bedankt! mein Nachbar rafft mit gelassener Gebärde sein Plaid zusammen, steckt das Monokel in die Westentasche, trifft Anstalten, die auf baldiges Landen hindeuten – und da sind auch schon große Buchstaben aus Beton im Rasen unter uns zu erkennen, deutlich – ein Schuppen, viele Schuppen, Autos, ein Zaun voll Menschen, die zu uns heraufblicken – sicher und sanft läßt Farman-Goliath sich genau auf den Fleck niedersinken, wohin er gehört, steht: South Croydon, drei Uhr dreißig.

Die Einreiseformalitäten sind rasch erledigt, der Einwanderungsinspektor benimmt sich mit besonderem Zartgefühl: offenbar soll der Flugverkehr auf jede Weise gefördert werden. (Das Billett kostete fünf Guineen, etwa ein Viertel mehr als Eisenbahn und Schiff erster Klasse.)

Im Autoomnibus, den wir taumelig und taub, von den Blicken der hinterm Zaun versammelten Croydonesen verfolgt, besteigen, fragt jemand nach der Höhe, die wir erreicht haben. Niemand hat den Piloten befragt; mein Kajütennachbar schätzt sie auf vierzehnhundert Meter Maximalerhebung über dem Kanal, in der Nähe der englischen Küste. Wie dem auch sei: hier ist *London!!*

Geschmeidig und glatt gleitet der Omnibus über die Asphaltstraßen der südlichen Vororte hin. Schon umfängt mich die Luft, die Lust, die freudige Liebe zu dieser Stadt. In rascher Fahrt dem Herzen Londons zu. Hier: die Themse, Whitehall, o: das Cenotaph! der Strand, Trafalgar Square . . . liebliches London!! – – –

Mit dem In-den-Sielen-Sterben war es also diesmal wieder nichts!

ZWEI UND EINE HALBE MILLION NEUER HÄUSER

Ganz taub noch vom Dröhnen des Propellers neben meinem Sitz im Flugzeug gehe ich, drei Stunden nach meiner Ankunft, von den Hampstead-Höhen hinunter in die Stadt.

O liebliches London!

Wie wenig hat sich in diesen zehn Jahren geändert. Innen in mir schluchzt es ein wenig vor Rührung und Freude. Geliebtes London. Wieder hier! Belsize – Haverstock Hill – Regent's Park: willkommen!!

Willkommen! antwortet die Stadt. –

Hier habe ich Heimatsgefühl. Wo noch? Hier, hier habe ich es; in diesen langen, eintönigen Straßen, mit Häusern – jedes ein, höchstens zwei Stockwerke hoch, schmale Front, Gärtchen gegen die Straße zu, Gärtchen hinter dem Haus. Monoton, doch lieblich. Eine Menschenart beherbergend, die den Häusern ähnelt, in denen sie lebt und die ich liebe. Ach, es ist schwer, den Ernst zu bewahren. Meine Stiefel klappern Lebenslust auf das Pflaster nieder.

Hie und da wird die Monotonie der Häuser durch Tafeln unterbrochen, die Inschriften tragen. *To let. To let. Sold. Sold.*

Weiter unten, in den immer vornehmer werdenden Straßenzügen:

Crown lease. Crown lease.

Und dann, Portland Place zu, dem Sitz der Bürger-Aristokratie dieser Stadt: wieder verlassene Häuser, Häuser mit verstaubten Fensterscheiben: *To let. To let. To let.*

2 500 000 Häuser will die Arbeiter-Regierung Englands bauen, für die Armen, die Ärmsten, die Slum-Bewohner. Heraus aus den Slums in menschenwürdige Wohnplätze! Jede Familie soll ihr Haus haben! Es ist der oberste Punkt im Programm der Sozialisten, der Fabier, der Menschenfreunde und Idealisten, die in England zur Macht gelangt sind und an deren linkstem, radikalstem Flügel John Wheatley, der Minister für Volkswohlfahrt, steht, der einzige Revolutionär in diesem denkwürdigen Kabinett von Pazifisten und

Schwärmern und Matter-of-fact-Politikern: Wheatley, Flügelmann der Revolution.

Am 2. Juni 1924 hat er dem Unterhaus das Programm der Regierung unterbreitet, das Sanierungsprogramm, das England auf friedlichem Wege den Sozialismus bringen soll: 2½ Millionen neuer Häuser in 15 Jahren zu 500 Pfund, auf Kosten des Staats und der Gemeinden zu errichten. Ein Programm, das der Arbeitslosigkeit ein Ende bereiten will und dessen Durchführung in 12 Monaten bloß 1% des jährlichen Staatseinkommens und nicht mehr als 10% der Summe erreicht, die das Land in der gleichen Zeitspanne für alkoholische Getränke ausgibt.

Ein harter Kampf um diese »Housing Bill«, in dem die Regierung bis heute Schritt um Schritt zurückzuweichen gezwungen war. Und weiter noch zurück, dort, wohin Liberale und Konservative sie systematisch und mit Ausdauer zu drängen suchen, liegen Fußangeln, Fallen und Wolfsgruben bereit, in die diese Regierung von Utopisten, Menschenfreunden, ideal- und evolutionsbesessenen fabianischen Zögerern stürzen soll.

Tausende der größten wie der mittleren, der vornehmsten wie der bescheidensten Häuser stehen leer, sind zum Verkauf ausgeschrieben, zu vermieten. Der mittlere Adel, die angrenzende Bourgeoisie trägt übergroße Steuerlasten, sie vermag ihre Häuser nicht mehr zu halten, verläßt sie, läßt sie im Stich, protestierend, ostentativ zuweilen, mit der Drohung: seht, was ihr beginnt, in dieser Zeit der Nivellierung ist das Haus des Engländers nicht mehr seine Burg! Wartet nur, über die Scherben des alten England, der Kultur dieses Volkes werden die Barbaren bald herangestapft kommen!

In Wirklichkeit liegt in der Spannweite zwischen diesem angefeindeten sozialistischen Häuserbau-Programm der Fabier und den Expropriationsdekreten der Bolschewiki – zwischen London und Moskau – das ganze Programm der Zeit eingeschlossen. Hier: Nichtloskönnen von Traditionen, von Verzagtheit erzeugenden Wahnvorstellungen, von Schlagworten einer abgewirtschafteten, verstaubten, vermodernden Epoche – dort aber: das blutvoll energisch zupackende, terroristisch-radikale Bekenntnis zum Recht aller, zu einer neuen Zeit, einer heraufsteigenden unerhörten Kulturepoche der breitesten Lebensbasis, unter der Privilegien, Monopole, Schlagworte und Aberglauben zertrampelt liegen wie morscher Lehm.

Eisenbetonzeit steigt herauf; keine Tafeln: To let, Sold, Crown lease mehr! Offene Tore für die Millionen.

Und doch, Bourgeois der du bist, Vergangenheitsanbeter, Liebhaber süßer Jugenderinnerungen – blutet dir das Herz nicht, wenn du durch Regent Street hinuntergehst, den gelb ehrwürdigen, geschwungenen Doppelbogen aus verräucherten, viktorianischen, an Dickens, Thackeray, de Quincey erinnernden, gleichförmigen Häusern, diese Straße, die im Halbkreis von Oxford Street nach Piccadilly führte – und die es nicht mehr gibt, in absehbarer Zeit nicht mehr geben wird!

Denn, hört, hört es, Genossen meiner Zeit, Altersgenossen: Regent Street, die holde, alte, gelb verräucherte, viktorianische – sie ist heute nicht viel mehr als ein Trümmerhaufen, in dem der Spaten des Bauarbeiters stochert. Die Mehrzahl der kostbaren, wunderlichen, gleichmäßig großen, gleichmäßig gelb verrauchten, vom Nebel und Ruß der Stadt jahrhundertelang gebeizten Häuser wich bereits einem amerikanisch großmäuligen, aus Sandsteinquadern getürmten Geschlecht von Riesenkasten, ohne Charakter und Eigenart. In den Erdgeschossen haben sich, statt der stillen, gediegenen, altberühmten und köstlichen Läden der Vergangenheit, knallige Warenhäuser, Magazine mit billigem Schuhwerk, Fabrikschund aller Art, Eiscreme und Patentmedizin aufgetan, nicht fürs Volk, sondern für den mittleren, mittelmäßigen, bemittelten Mittelstand. Symbolisch hat Liberty mit seinen Seidenschleiern, Emailschmuck und orientalischen Herrlichkeiten sich in eine Seitengasse zurückgezogen, Scott Adie, der Schotte, noch weiter hinweg, Vickery räumte seinen Silberladen; die neuen Häuser, Warenhäuser, Magazine aber erheben sich, im Stil griechischer Tempel gebaut, mit dorischen, ionischen, korinthischen Säulen, Risaliten, Tympanen, zur Ehre der Gottheit dieses Zeitalters des Übergangs, des Kompromisses, des Mittelwegs, des Warenhaustempels ... O liebliches London, verschwindendes, versinkendes!

TOP OF A BUS, SIR!

London lernt man am besten auf folgende Art und Weise kennen:

Morgens, nach dem Frühstück im Boardinghouse (Speck und Eier, Röstbrot, Haddock, Orangen-Marmelade und Tee, der geheiligten, alle Stürme, Kriege, Systemwechsel, Kulturepochen überdauernden, unübertrefflichen, unbesieglichen Speisenfolge des Normalengländers), klettert man auf das Verdeck des ersten besten daherratternden Autobus.

»All the way, please!«

Durch die Straßen der inneren Stadt, über die Themsebrücken, die Vororte, die Gärten, Commons, Greens, Heidestrecken und Wiesen der weiteren Umgebung, durch verträumte kleine Dörfer, Weiler und Städtchen am Rand der nie aufhörenden Stadt führt das schnellfahrende Gefährt mit Windeseile.

Kent, Sussex, das duftige Surrey! Die Themseufer, gegen das Meer zu, Oxford zu! Wie ist diese Stadt, dies Land schön, rein, friedlich, wie gut wär's, hier zu leben, abzuwarten, bis unter Donner und Dünsten eine neue Zeit heranbricht; von fern zuzusehen, wie es im Osten heraufkommt, das Verhängnis, während sich hier, in guter, durch Arbeiterprogramme nur mäßig gestörter Weile die Geschicke des konservativen Landes entwickeln ...

»All the way, please!« Der Motor rattert, die Zeit hat Eile, an der Endstation wartet bereits ein neuer Omnibus, der dich weiter hinaus, immer weiter ins Land führt. Wenn du Geduld hast, magst du auf solche Art, nach einer ineinander greifenden Kette von »all the ways«, an einem Tage, vom Frühstück bis zum Dinner (Suppe, Weißfisch, Roastbeef mit gelben Kartoffeln, ungesalzenem Kohl, briefmarkengroßem Stückchen Chesterkäse, Applepie und Bisquit, durch Jahrhunderte heilig gehaltene Speisenfolge!) das Meer sehen, oder Oxford, das weite, wunderbare Land, Berkshire, Essex, Buckingham, Gloucester ...

Meilen, Meilen von langen, gleichförmig gebauten, schnurgeraden Straßen; Häuschen, gelb und rötlich, ein, höchstens zwei Stockwerke hoch; Gärtchen vorn und hinten hinaus; Tausende, Zehntausende, ja die Millionen Häuschen, die Wheatley bauen möchte, funkelnagelneue sogar – aber in ihnen wohnt nicht der Arbeiter, der Arbeitslose, der Proletarier aus den Slums, sondern niederer, mittlerer, mittelmäßiger Mittelstand, der sich, geschickt balanzierend zwischen dem rapid herunterkommenden, durch Steuern bedrückten Feudalaristokraten und dem an mageren Lohntarifen mühsam vegetierenden Handelsangestellten, Bankclerk, eben noch zu halten vermag – mit seinen vernünftig verwendeten Einkünften, seiner grausam hohen Miete, seinem Frühstücksspeck, Dinnerroastbeef, Zeitungsabonnement, seinem Sinn für Komfort, fürs Niedliche, Chintzüberzüge und blitzendes Kupfergerät, saubere Kieswege vor dem Haus, Sweet peas, Tennis, Cricket und Ruderboot, im Sommer drei Wochen Scarborough, im Winter die billigen Verkaufstage bei Barker, Ponting und Selfridge, alle Monate einmal zur Matinee im Lyric, Gaity oder dem Haymarket-Theater, am Sonntagmorgen unbedingt zur Kirche, wo der Reverend mit dem Innenleben der Menschen verfährt wie der Maurer mit den Fassaden dieser endlosen, endlosen, endlosen Straßen, in denen der Engländer wohnt, lebt, züchtig geboren wird, sich fortpflanzt, ehrbar stirbt und sich sein Erbe wegsteuern läßt.

2½ Millionen neuer Häuser? Verkleinbürgerlichung des Arbeiters?

Liebliches London, deine freundlichen, friedlichen, so sauberen Straßen – oft liegen sie wie ein Alp auf der nach Luft schnappenden Brust des auf dem Omnibusverdeck von Osten nach Westen, von Norden nach Süden dahinratternden Fremdlings.

Hier ist das Land, die Stadt, von der der englische Bebel, John Burns, gesagt hat: er wollte lieber in ihnen tot aufgefunden werden als anderswo leben! Wie klein ist hier alles, im Vergleich mit Paris!

Die Riesenstadt, aufgelöst in die Zehntausende, Hunderttausende ihrer niedlichen Gäßchen, ihrer niederen, langgestreckten Häuserreihen, die, niedlich und nieder, fast mitten im Zentrum beginnen!

Verkehr und Bewegung, örtlich und zeitlich zu Stauungen und Kongestionen zusammengepreßt: an der Bank, in der City, um Trafalgar Square, Piccadilly-Zirkus und die Tottenham-Ecke, zwischen zehn und zwei; um vier Uhr aber, um fünf: Stille; die Stunden um Mitternacht: ausgestorben!

Lärm und Getümmel, Licht und Farbenorgien von Paris, dezentralisiert, die brennenden Boulevards, die tobenden Plätze des Montmartre – Leicester Square scheint dagegen provinziell, bescheiden, schüchtern.

Hier und dort ist die Sonntagsruhe, der angelsächsische Schrecken des Fremden, durchbrochen, durchlöchert. Hier und dort spielt ein Kino, läuft die Lichtzeitung mit den neuesten Nachrichten der Welt über ihren Streifen; in Gärten, Kasernenhöfen wird Tennis und Cricket gespielt; in Regent Street sehe ich sogar, hoch auf den zerstörten Mauern der alten Häuser, die ihre Eingeweide nach außen kehren, Arbeiter mit der Picke, der Schaufel demolieren!

Im allgemeinen aber herrscht Sabbat-Halbschlaf über der ausruhenden Stadt.

Ascot-Sonntag an der Boulters-Schleuse. Der Strom von zahllosen bunten Nachen durchwimmelt. Zwischen Hampton Court und Richmond die Hausboote, mit Blumen, Lampions, Fahnen geschmückt; Grammophone spielen auf, vor dem Hintergrunde des zarten Laubs der Inselufer tanzen weißgekleidete, fröhliche Menschen unter japanischen Schirmen.

Fröhlichkeit, weißgewandete Lebenslust, das Flirren auf dem Wasser synkopisch zerfetzt von den breiten Ruderbooten, die mit Stangen vorwärtsgestoßen werden; an den Ufern surren unaufhörlich die glitzernden Automobile der Wohlhabenden vorbei; heute ist das ganze Weltreich, die Millionen Wembley-Besucher aus allen britischen Provinzen des Erdballs, auf der Themse, an den Ufern der Themse bei Boulters-Schleuse und auch bei Runnemede, dem lieblichen, stromabwärts, an der Magna Charta-Insel, wo heute mit mittelalterlichem Zeremoniell, in Purpurmänteln und Universitätstalaren, vor einer pietätvollen Menge die wievielhundertjährige

Wiederkehr der Verleihung jener Bulle gefeiert wird. In insularer Zurückhaltung, die heutigentages fast anachronistisch wirkt, feiert die Menge die Freiheitsbulle wie den Ascot-Sonntag ohne Lärm, maßvoll und kultiviert bei aller Fröhlichkeit, Jugendlichkeit und Lebenslust –, in Gehaben, Bewegungen, Musik, Laut und Farbe gesittet, gesammelt, ernst und britisch.

In der Stadt: welche Mengen, Scharen, stabile oder herumziehende Rotten von Bettlern, hungrigen Arbeitslosen, Männern, Frauen, Kindern, Alten, Kriegskrüppeln; zuweilen in bunten Clowngewändern, zerfetzt und elend, mit Tafeln auf der Brust: Ypern, la Bassée, Château Thierry; mit Inschriften: »Ihr Penny meine letzte Rettung!«; an den Straßenecken, vor den Museen, Warenhäusern: Drehorgelleirer, Blechmusikbanden, Dudelsackpfeifer, mit Löffeln klappernde, mit Zinntellern, Tamburinen rasselnde oder stumm dastehende, matt an die Mauern sich lehnende, dich anblickende, mit ihrem Blick dir folgende Bettler, Bettler, Bettler, Bettler, Bettler . . . . . .

Journalisten veröffentlichen ihre Wahrnehmung, daß, auch bei Sturm, strömendem Regen, rauhestem Wetter, im Sommer wie im Winter, die Ärmsten, die Heim- und Obdachlosen es vorziehen, an den allerexponiertesten Plätzen, den Brunnenrändern des Trafalgar Square, auf den Bänken des Themsekais unter dem National Liberal Club, zur Seite der »Nadel Kleopatras« zu übernachten – statt die von der barmherzigen Stadtverwaltung eingerichteten, jedermann offenstehenden Unterkunftsstellen, mit Matratzen und Waschgelegenheit ausgestatteten Hallen an der Kirche von St. Martins Lane (dicht beim Trafalgar Square und kaum hundert Schritte weit vom Themsekai!) zu benutzen.

Es ist in diesen Ärmsten, Elendsten, Enttäuschtesten, Zermürbtesten ein Selbstzerstörungsdrang, ein Wille, unterzugehen, zu sterben – der einzige noch lebende, von Leben zeugende Instinkt, in dem sich die letzten Reste der Kraft, die diesen wandelnden Leichnamen noch innewohnt, gesammelt zu haben scheinen! Die Journalisten finden dies unbegreiflich. Trocken und sachlich stellen sie die Tatsache fest. Sie wird von den Zeitungslesern mit dem übrigen Inhalt des Tagesblattes verschluckt und auf natürlichem Wege ausgeschieden, vergessen.

Weise ihr! ihr Langsamen, Selbstzerstörer, Stoiker ohne Haus noch Herd, ehemals vielleicht Milde, Gerechte, sicherlich Schwache, bald sich selbst Aufgebende, Betrogene und Verworfene – die Frau zur Dirne geworden, der Freund zum heimtückischen Verräter, Mörder eurer unsterblichen Seele . . . .

Wie geht ihr, ihr Armen, sachte, gemessenen Ganges, erhobenen Hauptes, Schritt für Schritt, würdevoll eurem Tode entgegen! Wie liebe ich euch, ihr Armen, Weisen, Wissenden, Brüder!!

Vor allen aber liebe ich dich – Freund, Schicksalsgenosse, Künstler der Straße, des staubigen Asphalts, der du auf der Erde kniest, am Rand des Weges, und mit bunter Kreide Bildchen, komische Szenen, Blumenbuketts, täuschend imitierte Pfund-Noten oder Briefumschläge, Porträts von Staatsmännern oder schönen Schauspielerinnen oder Massenmördern, auf den vom letzten Regenguß kaum getrockneten Asphalt malst!

Dein Gesicht ist dem Boden zugekehrt. Deine Hände sind fleißig bei der rasch verwehenden, rasch verflogenen Arbeit. Was geht in deiner Seele vor? Dem vorübergehenden Wohltäter, der eine Kupfermünze in deine schäbige Mütze fallen läßt, wendest du den Hintern zu. Recht so!

Gott allein – nein, auch ich weiß es, was in deiner unsterblichen Seele vorgeht, du Künstler der Straße, Kniender, unters Rad Geratener, Verratener, Bettler!

COLLEONI UP TO DATE

Nicht im Museum, wo er hingehört, sondern vor dem Museum ist er aufgestellt – dem Britischen noch dazu, dem Museum der Elgin Marbles, der Ägineten, von Pergamons, Birmas, Tibets Tempelschätzen . . . . Und er ist eine Maschine.

Schon einmal sah ich eine Maschine als Denkmal auf dem Hauptplatze einer lebenden Stadt stehen. Diese Stadt war Winnipeg, und die Maschine: die Lokomotive, die den ersten Eisenbahnzug und damit die Kultur des britischen Weltgedankens vom Osten des Kontinents nach dem noch wenig besiedelten Westen geführt hatte, von Quebec ausgehend, den Nordrand der großen Seen entlang, ins Herz des Weizenlandes Manitoba, des großen Geistes Manitou Land.

Die Maschine aber, die vor dem British Museum als Denkmal errichtet steht, ist ein Tank. In mäßiger Erektion, von Steinen unterm Leib emporgesockelt, hierher gesetzt als ein Wahrzeichen des Sieges von der siegreichen, der ewig unbesiegbaren menschlichen Dummheit, Stupidity of Mankind; gestiftet übrigens vom »National War Savings Committee«, dem etliche Rasenplätze, öffentliche Gärten und Kinderspielplätze Londons ähnlichen Schmuck verdanken.

Ein leibhaftiger Tank, feldgrau bemalt, mit Nummer und Abzeichen versehen, auf Rollen und Ketten laufend, mit Schießscharten für Maschinengewehr und Kanonenrohr, so steht das Denkmal da – aere perennius!

Auf daß des Genius dieser Epoche gedacht werde in alle Ewigkeit.

Noch einige Denkmäler des Krieges erheben sich auf Straßen, in Kirchen, in den Höfen großer Verwaltungsgebäude Londons – die aber sind den Toten geweiht, nicht dem Mordinstrument.

Da ist das Grab des Unbekannten Kriegers in der Westminster-Abtei; die Denkmäler der Füsiliere, des City-Regiments; an der Temple Bar, in Holborn; Nurse Edith Cavells Statue in St. Martin's Lane – dieser englischen Märtyrerin, die heute ein Abgott der Nation geworden ist, wie es einst Florence Nightingale, jene andere Pflegerin der Kranken und Verwundeten, war. Das vornehmste aller Kriegsdenkmäler ist das Cenotaph in Whitehall, wenige Schritte nur vom Eingang zu jener schmalen Downing Street entfernt, in der der Puls des Weltreichs schlagen soll.

Wie jene Marmorstatue der sich gegen Luftangriffe verteidigenden Stadt Paris im Louvrehof, aber an einem Brennpunkt weitaus intensiveren Verkehrs, steht ein großer, stelenartiger, kachelofenförmiger Quadernbau mitten auf der Straße, von rechts und links vorbeiratternden Omnibussen und Lastwagen umdröhnt und erschüttert.

An den Längsseiten des Denkmals sind leibhaftige, wehende Fahnen befestigt. Unten um das Postament liegen Kränze, immer erneut, blühende Blumen zu Haufen geschichtet. Wie um die Grabplatte des Unbekannten Soldaten im Pariser Arc de Triomphe sieht man zu jeglicher Stunde barhäuptige Menschen um die Stele wallen, im Gehen eifrig die an die Kränze und Sträuße gehefteten Zettel lesen. Zuweilen sind auf diese Zettel überaus traurige, in ihrer Naivität tief ergreifende Gedichte oder Mitteilungen geschrieben: an Johnny-Boy, an dear Uncle Harry, an Bob und Bill und Paddy und Jim, an alle treuen Söhne und Väter.

Wer an dem Cenotaph vorübergeht oder -fährt, lüftet den Hut. In einem Radius von etlichen Metern um das Totendenkmal herrscht Andacht wie in einer Kirche, einem Totenhaus, wie in einem Raum, in dem »God save the King« ertönt.

Nur ein einzigesmal sah ich Engländer gegen diese Gepflogenheit verstoßen, den Hut auf dem Kopfe behalten beim Vorüberfahren an dem Cenotaph – das war an einem wunderherrlichen Sommernachmittag; ich fuhr von Trafalgar Square nach Victoria hinunter, wie immer auf dem Verdeck eines Omnibus, und über uns, am wolkenlosen Himmel, ereignete sich etwas . . . .

Es war etwas Neues und Ungewohntes, und den Mitfahrenden auf dem Omnibus wurden durch das Ereignis Köpfe und Augen mit magnetischer Gewalt in die Höhe gezogen und gedreht.

In ungeheurer Höhe, so daß man das rasch fliegende Insekt gar nicht wahrnehmen konnte, schrieb ein unsichtbarer Finger mit rotem Rauch dort oben die Worte:

DAILY MAIL

an das unschuldige, hellblaue Firmament.

Ein Aeroplan stieß den roten Faden, der sich durch die Weltgeschichte ziehen soll, hinten aus sich heraus und malte mit ungeheuren Lettern, als Reklame gedacht, die beiden Worte an den geduldigen Himmel. Wir fuhren an dem Cenotaph vorüber. Die Menschheit vergaß, angesichts dieses Wunders der Technik, den letzten Weltkrieg und seine Toten und behielt den Hut auf dem Kopfe.

Wie mochte es unter diesen Hüten, in diesen Köpfen aussehen?

Ahnte einer von den Mitfahrenden, daß dort oben, mit allen Wundern der zeitgenössischen Technik des jüngsten und des nächsten Weltkriegs, die zynische Hetzerin soeben mit blutigem Finger das Menetekel des untergehenden Zeitalters an das Firmament geschmiert hatte – um die Auflagenziffer, den Radius ihrer Infektion zu erhöhen?

HIGHGATE CEM. NO. 24748

Beim Tor händigt mir der »Gatekeeper «, ein freundliches Individuum dickensscher Herkunft, in Frack, Zylinder und Gamaschen, einen Zettel ein. Es sollen heute: um drei Uhr dreißig Minuten Carlier, Joan Bessie, um vier Uhr aber Kent, Sarah Jane oben unter den Büschen des ansteigenden Hügels beigesetzt werden. Auf die Rückseite des Zettels hat mir der freundliche Torwart, nett und genau, einen Plan des Friedhofs aufgezeichnet, damit ich die ziemlich abseitige, versteckt liegende Nummer 24748 finden könne.

»Kommen viele Leute, das Grab zu sehn?« frage ich den Befrackten. – »O ja, und zwar quite international public! Neulich waren zwei Inder hier, auch Australier und Japaner kommen. Zumeist aber Russen, immer sehr viele auf einmal.«

An der Hand des Plans taste ich mich durch die hügeligen Alleen, Seitenwege, bis zur sehr schönen und frei daliegenden Grabstatt derer von Scrimgeoor vorwärts. (Scrimgeoor – hieß der kommunistische Abgeordnete nicht so?) Dann beginnt, um die Ecke, ein Gewirr von Steinen, Kreuzen, marmorumrandeten Platten, von eben erst aufgeschütteten, von vor langer Zeit zusammengefallenen Grabhügelchen – offenbar ist dies hier eine Armeleut-Ecke des Friedhofs.

Hie und da, in blauem Glase, ein paar welke Blumen vor einem Stein mit verwischten Lettern.

No. 24748 – – an den Stätten der Lebenden finde ich mich leidlich zurecht – an den Stätten der Toten läßt mich mein Orientierungsvermögen im Stiche. Da – Nelken, rote Nelken um ein Grab! Das wird es sein! Ich gehe näher: aber es ist das Grab von Jemima und Edwin Purchase, nicht No. 24748, nicht seines.

Ich habe mich verirrt und werde den Weg zu Scrimgeoor zurück müssen, stolpere, einen Ausweg suchend, vorwärts – stehe auf einmal vor dem Grab. Dem Grab No. 24748. –

Längliches liegendes Viereck, Steinränder um einen ganz schmalen, ungepflegten, gelblichen Rasenfleck, auf dem ein flacher Bronzekranz liegt. Am Kopfende die Inschrift:

Jenny von Westphalen
the beloved wife of
Karl Marx
born February 12. 1814
died Dezember 2. 1881
and Karl Marx
born May 5. 1818, died March 14. 1883
and Harry Longuet
their grandson
born July 4. 1878, died March 20. 1883
and Helena Demuth
born January 1. 1823
died November 4. 1890

Helena Demuth, die treue Dienerin des Hauses, in Unglück und Not bewährt, ruht im gleichen Grabe mit Marx und den Seinen.

Ich lese auf dem Bronzekranz:

»Peoples of the Union of the
Sovjet-Republics«

Darunter die Sichel und der Hammer. In die Sichel und den Hammer hat ein Besucher, Schuft von einem Besucher, seinen halbverbrannten Zigarettenstummel hineingedrückt. . . .

Keine Blume. Ein Zettel: russische Studenten waren hier. Das ist alles.

Jean Longuet, überlebender Enkel Karl Marx', Mitglied der II. Internationale, hat das Ersuchen der russischen Regierung im Namen der Familie abgelehnt: Karl Marx, Jean Longuet's Familienangehöriger, wird also nicht am Fuße der Kremlmauer bestattet werden, wo Lenin liegt, Swerdlow, Woroffski, Reed und die anderen Kämpfer für die Befreiung des Proletariats. Longuet weist das Ansinnen mit Entrüstung zurück: die Gattin vom Gatten zu trennen, das Grab der Zerstörung preiszugeben! Ich habe den Brief Longuet's an Moskau gelesen. Ach, er enthält eine Blütenlese der Rhetorik, aber auf dem

Grab des Großvaters wächst keine einzige Blume. Wie genau kenne ich dieses Pathos, das die bürgerliche Familie an eine Grabstätte verschwendet, die im übrigen verwahrlost, zerfällt, ohne ein Zeichen der Pietät, ohne ein Liebeszeichen. Es ist die Rhetorik, das Pathos der II. Internationale.

Genosse Longuet, ich will Ihnen gern den Weg zu dem Grab zeigen, das zum Wallfahrtsort des Weltproletariats bestimmt wäre, wenn Sie ihm seine Stätte an der Kremlmauer nicht verweigerten. Man fährt mit der Untergrundbahn nach der Station Highgate, steigt die Straße zum Krankenhaus empor; das zweite Tor links ist das Tor des Friedhofs. Der freundliche Herr, der dieses Tor hütet, wird Ihnen den weiteren Weg aufzeichnen: doch gehen Sie ja nicht den Hügelweg rechter Hand weiter, sondern schlagen Sie den Seitenpfad zum Grabmal ein, auf dem der Name »Scrimgeoor« steht! Und dann, nicht weit von dem mit roten Blumen geschmückten Stein Jemimas und Edwins Purchase, das schmale, verfallene, arme, heilige Grab, das ist das Grab von Karl Marx, Ihres Großvaters Grab, Genosse Longuet.

ANNIE BESANT

Zum erstenmal begegne ich dieser großen Frau, der größten Menschen einem unter den Lebenden.

Gleich dreimal nacheinander sehe ich sie. Das erstemal spricht sie in einem Meeting für die indische Homerule, für die (immerhin unghandistisch, unter englischer Oberhoheit vorzunehmende) Autonomisierung ihrer Wahlheimat Indien, deren Tradition, Eigenleben, Heiligkeit und Bedeutung ihr bekannt ist wie keinem zweiten Europäer. Sie hat der Menschheit des Okzidents Sinn und Botschaft Indiens überbracht, nahegebracht, eingeflößt wie kein zweiter heute lebender Mensch, (nicht einmal Deußen, nicht Tagore, auch nicht Ghandhi!). Aber ihr Verdienst ist noch größer.

Einige Tage nach dem Meeting begegne ich ihr in der Wandelhalle des Parlaments, in diesem Korridor, der vom Haus der Gemeinen zu jenem der Lords führt. Mitglieder der Arbeiterpartei, der Arbeiterregierung umringen sie. Ganz in Weiß gekleidet, in golddurchwirkten weißen Seidengewändern geht die alte weißhaarige Frau mit dem männlich geschnittenen, ernsten, fast gewalttätig blickenden Gesicht durch den gotischen Saal, von den Männern der Arbeiterregierung umgeben und begleitet – diesen sonderbaren, bedeutenden Menschen, die in der Welt die Politik des reinen Gewissens durchsetzen wollen mit allen ihren Beschränkungen, Widersprüchen – Fabiergesinnung, Streben nach Wahrheit, Gerechtigkeit gegen den Feind, Frieden in einer blutrünstigen Zeit, die der Waffe noch nicht entraten kann, ihrem Ende entgegentaumelt. Snowden, der Finanzminister, ist bei ihr, krank und fahl, an Stöcken humpelnd, Lord Haldane, wie ein zu den Gipfeln der Kultur aufgestiegener John Bull anzusehen, Trevelyan, der Unterrichtsminister, der vor einer halben Stunde den Commons sein Erziehungsprogramm vorgelegt hat – derselbe, der zu Kriegsausbruch aus dem Ministerium Asquith austrat –, und auch George Lansbury, der Cockney, Führer und Liebling des englischen Proletariats, selber ein Proletarier, Lansbury, der in Rußland war und fast zum Kommunisten geworden ist.

Tage zuvor, im Meeting der Inder, hat er – und mit ihm Bob Smillie, der Führer der Gewerkschaften, – sich zu dieser alten Frau, ihren Lehren, ihrer Menschlichkeit bekannt. Diesen Engländern, Arbeiterführern, Fabiern und Proletariern ist sie, so beteuerten es Smillie und Lansbury, vor einem halben Jahrhundert schon Lehrerin und Vorbild gewesen. Von ihr empfingen sie ihre erste geistige Inspiration zur Befreiung der leidenden Klassen, der Parias der europäischen Gesellschaft – von der Okkultistin, die die Weisheit des Menschheitsgewissens in den Geheimbüchern der mystischen Kulturepochen vor unserer Ära aufgefunden, erkannt und über ein von Wahn, Cant und falsch begriffener Religiosität gepeinigtes Inselreich ausgegossen hat.

(Ghandi aber hat sie nicht erwähnt – diese Engländerin, die ihr Leben in weißen Gewändern verbringt, umgeben von Blumen, heiligen Tieren, Mönchen, Kindern und Geheimnissen!)

Das dritte und letztemal sah und hörte ich sie wieder einige Tage später. Vor der wunderbarsten Zuhörerschaft, die jemals zu Füßen eines Menschen sich geschart hatte, um die hohen Dinge des Lebens zu vernehmen, hielt Annie Besant einen Vortrag über das Kommen des neuen Erlösers, auf den die Menschheit dieser Tage wartet.

In beseelten, beschwingten Worten, die über uns ergreifend wie Bergpredigtbotschaft hallten, erklärte sie, daß die Zeit mit ihren Erschütterungen, Krieg, Seuchen, Hungersnot, Verarmung und Bruderkämpfen, das Heraufkommen des neuen, s e c h s t e n M e n s c h e n t y p u s ankündige. Immer, seit undenklichen Zeiten, erneuere sich der Typus der Menschheit, wenn aus ihrem unerschöpflichen Schoß ein Erlöser geboren, das heißt, der Erlöser wiedergeboren werden soll. Immer bebt die Erde, erbebt die Menschheit in Geburtswehen zu solchen Zeiten. Der neue Menschentypus aber sei bereits erschienen: aus Amerika komme die Kunde von einem jungen, eben erst er wachsenden Geschlecht, das w i s s e n d zur Welt gekommen ist: der i n t u i t i v e M e n s c h. Wie den Buddha, kann diesen Menschen keine Schule lehren, unterweisen; für das Wissen der Lehrer hat er nur ein Lächeln: kein Lächeln des Mitgefühls oder der Verachtung, mehr der Überlegenheit; denn, ehe der Lehrer den Mund aufgetan hat, hat er bereits erraten, begriffen. Er ist nicht glücklich, nicht unglücklich – er weiß.

Aus dem Schoße dieses neuen, des in der Reihe sechsten Menschheitstypus wird der Lehrer und Führer und Prophet, der nach ewigem Gesetz immer aufs neue wiederkehrende Erlöser geboren werden!

Ein Ton. Kaum hatte Annie Besant die einleitenden Sätze ihres Vortrags gesprochen, hörten wir im Saal einen Ton erklingen. Es war ein Ton, schwingend und herrlich, wie von einer vollkommenen Cellosaite, und er schien vom Podium herzukommen, auf dem die alte Frau stand und sprach.

Ein paar Minuten später – derselbe herrliche, sonore, schwingende Laut, melodisch und nachhallend – diesmal von der Galerie herab. Immer – wie ein Aufhorchen, ein Aufschrecken der schweigenden, andächtig lauschenden Menschen.

Und das drittemal – ganz in meiner Nähe, in der Mitte des Saales, im Parkett: als stiege aus der Reihe, in der ich saß, meiner Nachbarschaft, der unsterblichen Seele eines von uns, die wir hier dichtgedrängt saßen, geheimnisvoll, unirdisch, Geisterlaut empor.

Ich blickte um mich, sah in erschrockene, bleiche Gesichter.

Der Geist war mitten unter uns. Er manifestierte sich.

ALLERLEI DENK- UND SEHENSWÜRDIGKEITEN

I.

Der Tower mag getrost weiter an der Themse liegen bleiben, Hinrichtungen älteren Datums interessieren mich wenig; Westminster lockt nicht allzusehr, dieses Urbild der Siegesallee; zu oft auch wanderte ich schon auf Pfaden Allerweltsbaedekers den Gildenhallen, Königsgemächern, Findelhäusern und alten Kuriositätenläden nach – heute zieht es mich nach Hilldrop Crescent, der kleinen, stillen Straße, die im Norden Londons, im Schatten des grimmigen Holloway-Zuchthauses ihren Halbkreis bescheidener Kleineleute-Villen über die Hügellehne spreitet. Und hier ist das Haus mit den beiden kugelgekrönten Säulen am Eingang seines Vorgärtchens . . . .

Es ist wieder bewohnt, dieses Haus. Hmhm. Oben im Fenster des ersten Stocks sehe ich die Rückseite eines Toilettenspiegels – der Toilettentisch des englischen Mittelstands steht also an seinem althergebrachten Platze, der Genius der Wohlanständigkeit webt wieder um die Räume des Hauses sein bürgerliches Spinnweb! Sicherlich wird unten im Erdgeschoß, um 8 Uhr früh, Landspeck mit Eiern, Haddock, Grütze und Toast konsumiert, zum Wochenende fährt die Familie nach Ramsgate, am Mittwoch nachmittag nach Wembley, einmal im Monat hat man Mr. und Mrs. Jones zu Gast, die billige Woche bei Barker und Pontings versorgt Spind und Küche, der Reverend die Seelen, die Matinee im »Lyric« das Kunstbedürfnis mit den Notwendigkeiten des bürgerlichen Durchschnittshaushalts.

Dr. H. H. Crippen, lieber Doctor H. H. Crippen! Dein Andenken bewahrt nicht die Westminster Abbey, sondern die Schreckenskammer im Wachsfigurenkabinett der Madame Tussaud! Aber, was Palmerston, Stanley, Pitt und der erste Herzog von Westminster, was keiner der Insassen der Abtei zuwegegebracht hat: dir danke ich es mit unvergänglicher Dankbarkeit. Hättest du, in diesem Hause vor mir, deine Frau Belle nicht getötet, zerstückelt und im Kohlenkeller vergraben, wärst du nicht mit deiner als Knabe verkleideten Geliebten Miß de Neve nach Kanada gefahren, um, als erstes Opfer der drahtlosen Telegraphie, bei deiner Ankunft in Rimouski am St. Lorenzstrom verhaftet und ein paar Wochen später in London gehenkt zu werden – »Adela Bourkes Begegnung« wäre wahrscheinlich ungeschrieben geblieben, ein Roman, den ich sehr liebe, obzwar und gerade weil er das Schicksal meiner anderen Bücher teilt, nämlich, daß er von zu wenigen gelesen worden ist. Hab Dank, lieber Zahnarzt H. H. Crippen, für dein Leben. In diesem Kohlenkeller lagen die Reste Belles, deiner Gattin. Durch dieses bescheidene Tor mit den Kugelsäulen entflohst du in Begleitung deiner Stenotypistin Edith de Neve. H. H. Crippen, habe Dank!

II.

Etwas ähnliches wie dir ist gerade in diesen Tagen einem anderen heißblütigen Herrn passiert. Die Geschichte muß erzählt werden, damit motiviert sei, aus welchem Grunde das englische Volk in »Betragen« die Note 1 verdient!

Patrick Mahon, ein Clerk, hat in einer einsamen Villa des Modebades Eastbourne an der Ostküste seine Geliebte Miß Kaye ermordet . . . nun: w a h r s c h e i n l i c h ermordet (denn er leugnet, und wie er leugnet! Es war niemand dabei – s i e hat ihn überfallen, s i e war's, die, bei der Abwehr, s o u n g l ü c k l i c h stürzte, daß sie sich an dem Rand des Kohlenkübels den Schädel spaltete!), auf alle Fälle hat Patrick aber die Leiche zerstückelt und beiseite geschafft (um keine Schererereien zu haben). Die Geschworenen verurteilen den nicht unsympathischen, intelligenten, hübsch aussehenden und zuversichtlichen jungen Gentleman, der sich mit überzeugender Kraft verteidigt, zum Tode.

Mitleid! Stellenweise Empörung! Mahon ist nichts nachgewiesen!!

Einen Tag nach dem Urteil erfährt man: der junge sympathische Gentleman hat vor Jahren bereits einmal wegen eines Raubmordversuchs an einer Geliebten im Zuchthaus gesessen. Die Richter, die Polizei wußten es. Die Geschworenen nicht; die Presse nicht; das Publikum nicht. Unbeeinflußt sollten die Geschworenen ihr Urteil über den gegenwärtigen, positiven Fall abgeben. – Fair play.

(Als man nachher erfuhr, daß der sympathische, hübsch ausse-
hende Mörder sein Gesicht in aller Heimlichkeit mit Tabaksaft
künstlich gebräunt habe, um sich vor Gericht durch Blässe und
Erröten nicht zu verraten, da hatte er den letzten Rest von Sympa-
thie verscherzt.)

III.

Caledonian Market, am Freitag morgen. – Wer unter euch kennt
ihn, weiß, wo er abgehalten wird? Und doch: was ist die Moskauer
Sucharewka, an diesem Tand und Trödel gemessen, was der Kasa-
ner Tatarenbazar, auf dem doch alle Krankheitskeime der Welt in
der Luft herumfliegen, gegen die Atmosphäre dieser Schaustellung
von Überbleibseln aus Schiffbrüchen des gescheiterten Mittelstan-
des? Betten, Kommoden, Chippendale-Fauteuils, Muschelkassetten,
Sonnenschirme, Apothekertöpfe, Familienporträts, Toilettentische,
Eierspeckfrühstücksschüsseln, Tommy und Jack, die Bauchredner-
puppen mit beweglichen Unterkiefern, aber schlappen Beinen, alle
Flaggen aller Nationen, ja sogar: hurra, Schwarzweißrot! also Vor-
kriegszeit – und daneben Balanzierstab, Trikots und Rosaröckchen
der Seiltänzerin, der dies alles gehört hat, Trompeten, Trommeln
und Flöten, Schuhe, Schuhe, Schuhe, Mäntel, Hosen, Pelze, ein lebender Fidjiinsulaner in gelber Seide mit Wollschädel und Haar-
pomade, der smarte Whitechapeljüngling mit seinem Tisch, auf
dem, neben gesülztem Aal und Gurkensalat, ein Grammophon als
Lockmittel:»Chawe, Chawe, Chawenju!« spielt, am hellen Morgen
vor dem Sabbat!

IV.

Mile End-Straße, Whitechapel, Samstagabend. In der auf und ab
wogenden, sich durcheinander schiebenden Menge alle Dialekte,
Jargone, Gerüche, Unarten von Kowno, Wilna, Odessa, Gomel.

Angeheimelt verlangsame ich mein Marschtempo, werde infol-
gedessen gestoßen, gerempelt, gepufft und im Kreis herumgewir-
belt. Nach jedem Stoß, jedem Puff, jedem Wirbel, in den Dialekten,
Jargonen und Mundarten Kownos, Wilnas, Odessas, Gomels, das
Wort, die Entschuldigung:

»Sorry!«

Wunder der Assimilation!

V.

Wer unter euch, Millionen, die ihr Tag für Tag und Jahr um Jahr durch Piccadilly auf und nieder wandert, hat den in Schulterhöhe mitten aus dem Trottoir emporragenden langen Bronzetisch bemerkt, unter dem die Inschrift besagt: diese Platte sei als Rastplatz für beladene Menschen errichtet, damit sie ihre Tragkörbe ein wenig niedersetzen, ihren schmerzenden Buckel für ein paar Minuten erleichtern können! O gentle old England!

Gegenüber sitzen die alten Konservativen Herren in den breiten Ledersesseln ihrer vornehmen Klubs, aber der Bronzetisch stammt direkt von den Vorfahren der Leute, die jetzt in der Regierung sitzen, der Arbeiterregierung, der Fabier, obzwar ja diese Vorfahren in ihren Hütten kaum einen Sessel, vielleicht nicht einmal einen Tisch oder ein Bett ihr eigen genannt haben! Die Last auf dem Buckel aber jawohl.

VI.

Hier ist's nicht mehr weit bis Hyde Park Corner. Wer unter euch, Millionen, aber weiß, daß am andern Ende des Parks, vor dem Marmortor, in alter Zeit der Baum von Tyburn, das heißt: der Galgen gestanden hat?

Ein netter alter englischer Gentleman hinterließ sein nicht unbeträchtliches Vermögen der Stadt mit der Weisung, daß aus den Erträgnissen jedem der armen Sünder auf seinem letzten Weg ein wohlriechendes Blumensträußchen, »a nosegay« überreicht werde – damit er durch die Nase ein letztesmal die konzentrierte Herrlichkeit der Erde einsauge, ehe er vor dem Schöpfer dieser Herrlichkeit erscheint, am anderen Ende des Hydeparks, sozusagen!

VII.

Marble Arch! Durch das Tor aus Marmor hinein in den Park. Da sind sie, meine Lieblinge: die Freiluft-Redner, Apostel, Schwindler, Heilige, Narren und Eigenbrödler, die Verkündiger des Glaubens an Gott, an die übrigen, an alle Götter, an den Menschensohn, alle Menschenkinder, da sind sie: die Methodisten, Christadelphiker, Wicleffiten, Papisten, Bibelausleger, Hymnensänger, Heilsarmeesoldaten, Kirchenarmee-Rekruten, die Missionäre der mohammedanischen Ahmadia-Bewegung, der Botschafter des Königs Asoka!

Aber die Zeit ist vorwärtsgeschritten, ich nehme Neu-Ankömmlinge wahr, neue Lehren, neue Kanzeln haben sich aufgetan unter den Bäumen.

Woher bezieht der Mann der »Anti-Pussyfoot League« seine Gage? Mit groben, haarigen Tatzen fuchtelt er in der Luft, malt in die Luft die Gefahr, die dem guten alten englischen Geist, der Demokratie, der imperialistischen Gesinnung, die diesem Lande seine Kolonialmacht geschaffen hat, droht: wenn es wirklich, nach dem Muster der Vereinigten Staaten, trockengelegt werden sollte!

Man will dem Volk seinen Whisky, sein braunes und blondes Bier, seine angestammte Fröhlichkeit nehmen? England soll also, durch die ephemere Eintagsmacht einer Minderheit von fanatischen Narren, die sich jetzt in den Regierungssesseln breit macht, zur Bolschewistenbeute werden? Eine große Geste in die Runde: »Our country!!«

»Woher beziehst du deine Gage, Johnny?« kommt es aus der Menge. Und: »Wieviel Whiskys hast du heute schon genehmigt?« Auf die erste Frage antwortet der Apostel nicht. Wie sollte er auch? Es sind die Brauer, die Schnapsbrenner, die großen, konservativen, staatserhaltenden Mächte und Säulen der Weltpolitik Englands, die ihn bezahlen. Auf die andre Frage aber gibt er Antwort: Wir verkünden nicht die Maßlosigkeit, sagt er, wir sind nur die erbitterten Feinde jener Pharisäer, die den alten englischen Frohsinn unserer Väter ertöten wollen, um diesem Volk seine Kraft zu nehmen und es umso sicherer zu versklaven! –

Sein Nachbar steht auf einem Schemel, haut auf ein Pult, von dem die Tafel: »Anti-Socialist League« herunterbaumelt. Um dieses Pult ist immer groß Geschrei, Argumente schwirren durch die Lüfte, Rede und Widerrede überschreit fast die Hymnen, die Chorgesänge, das Blechkapellen-Tamtam der Heilsarmee, der Kirchenarmee. Und aus der Menge schallt, oft in hundertstimmigem Ruf, immer wieder:

»Russia!« – –

Hier aber, in der Ecke an der Bayswaterseite, steht die Kanzel einer neuen Sekte, oder besser gesagt, eines neuen Apostolats; die Lehren, die von dieser Kanzel herab verkündet werden, verdienen ein eigenes Kapitel.

»GRAD AUS DEM MUTTERLEIB KOMM ICH HERAUS. . . .«

In Paris Plakate an allen Mauern: bedrohliche Geburten-Zunahme in Deutschland! Frankreich muß mehr Babies produzieren!

In Berlin, Newyork, Zürich, Kopenhagen, Wien: Gefängnis für Geburtenverhütung.

In Rußland: jede staatliche Klinik befreit Schwangere, die nicht Mütter werden wollen, von dem in ihnen keimenden Leben.

Im Hyde Park, an recht vielen Straßenecken sonst, besonders im armen östlichen, nördlichen London: Redner, Rednerinnen, die ernst und anständig, in der Sprache des Volkes, doch nicht in seinem Slang, zur aufhorchenden Menge über Neo-Malthusianismus reden.

Birth-Control!

In diesem Lande werden zu viele Kinder geboren. Übervölkerung ist unvermeidlich, wenn keine Abhilfe geschaffen wird. Philipp Snowden, der Finanzminister der Arbeiterregierung, hat erklärt: sollte die Bevölkerung Englands sich weiter in dem Maße vermehren, wie sie das in den Jahren seit dem Krieg getan hat, dann müsse in absehbarer Zeit eine Ernährungskrise verhängnisvollster Art über das Land stürzen, der alle Kolonien mit ihrem Zustrom von Fleisch und Weizen nicht würden steuern können. Also: weniger Kinder! Es ist nicht fair, die Lady zu Hause jedes Jahr mit einem neuen Wesen schwanger gehn zu lassen! Es gibt Mittel, die Empfängnis zu verhüten!

Der Redner, die Rednerin steigt von der Kanzel, verteilt Broschüren, verkauft die populären Hefte von Dr. Marianne Stopes, drückt jedem und jeder da unten in der Menge Zettel in die Hand, die kurzen aufklärenden Text enthalten, Prospekte und Preislisten von Chemikalien, Spritzen, Bandagen, alle wohlfeil und legal erhältlich (in der ganzen Stadt kündigen die Drogengeschäfte diese Präparate mit Riesenlettern an ihren Fassaden an).

Nie ein frivoles oder unernstes, nie ein tadelndes Wort aus der Menge.

»Bringt eure Frauen hierher!« ruft der Redner, die Rednerin. »Sagt der Lady zu Hause, sie soll zu uns kommen, wir haben mit ihr zu reden! Die Mutterschaft ist heilig, wer aber Kinder in die Welt setzt, ohne sie ernähren zu können, versündigt sich an der Heiligkeit der Mutterschaft, an der Familie, an der Menschheit, a n E n g l a n d !« – »It is not fair against the lady!!«

Etwas hat sich im Lande des »Cant«, der englischen Prüderie geändert, in dem Land, in dem es vor Jahren noch verpönt war, das Wort Magen auszusprechen.

Welch eine Welt, lieber Gott!

Menschenüberfluß im einen Land, Menschenmangel im anderen, im nächsten, benachbarten. Zittern und Zagen in beiden, Drohung und Bedrängnis!

Welterlösende Herrschaft der Vernunft muß hereinbrechen über dieses verblendete Menschengeschlecht. Welterlösender, ausgleichender Tausch von Rohmaterial um Rohmaterial, Menschen für Menschen, gegen Entvölkerung, Übervölkerung, Kriegsnot, Hunger und Untergang.

Vernunft, Menschenwürde, Gerechtigkeit, Kommunismus – wann, wann?

Sonntagnachmittagsfahrt auf dem Omnibusverdeck. Die Läden sind zu. Die Theater desgleichen. Wembley desgleichen. Hier und dort nur: ein Kino, ein Garten, in dem Cricket gespielt wird, das aber sind geringfügige Ausnahmen. Von Woolwich bis Richmond, von Edmonton bis South Croydon ist die Stadt in der Ruhe des Tages versunken, an dem die Schöpfung vollendet war, der Herr gesagt haben soll: es ist gut.

Sabbatstille.

Doch sieh da . . . an einer, an einer zweiten Straßenecke Menschenansammlungen, Zusammenrottungen, Menschenauflauf. Was hat dies zu bedeuten?

Stumpf oder lärmend, in einigermaßen erregter Unterhaltung, stehen Gruppen beisammen auf der Straße; hagere, graue, übelernährte, übelriechende, armselig gekleidete Männer, und die Frauen:

überquellend, breit und schwer, die Gesichter hektisch gerötet, aus furchtbaren Zahnlücken grinsend, zumeist mit Wickelkindern am Arm oder im Wägelchen neben sich; im Sonnenschein, im Regen stehen sie da, Reihen lang oder in dichten Haufen. Um fünf werden die Pubs, das heißt: die Public Houses, die Bier-, die Schnapsschänken geöffnet. Um drei steht die Menge schon da, wartend.

Fünf Minuten nach fünf aber sind die Pubs überfüllt. Wieder stehen sie vor der Schänke, die Männer, die Frauen, aber jetzt haben sie Gläser mit Bier in der Hand, mit kleinen Gläsern voll Whisky, Gin, Tawney stehen sie da, wieherndes Gelächter, Späße und Stöße in die Rippen – es ist der Brunnen, der Klub, das Kaffeekränzchen, der five o'clock des armen Volkes; die Kinder jagen sich in der Gosse, zwischen den Omnibussen, sie haben ihr Teil an dem Vergnügen der Erwachsenen erhalten, sie sind nicht ganz nüchtern mehr, die Kinder der Armen . . . .

Auf der Jahresversammlung der »National British Women Temperance Association«, die im Juli in Wembley abgehalten wurde, gab die Ärztin Miß E. White an der Hand statistischer Ausweise von Entbindungsanstalten, Kliniken, Mutterschutz-Institutionen der Armenviertel Londons, Liverpools, Cardiffs und Dublins Nachricht von der Tatsache: daß eine große Anzahl von Kindern der armen Klassen Englands buchstäblich betrunken zur Welt komme.

Ein erblich alkoholisiertes, entartetes Geschlecht, ein langsamem Siechtum, Leben des Lasters, des Verbrechens, der Höllenstrafen auf Erden geweihtes, schutzlos preisgegebenes Geschlecht wächst heran, in eine Zeit, die Vernunft, Menschenwürde, Welterlösung bringen soll.

Geburten-Kontrolle, Kontrolle der Alkohol-Produktion, Bau hygienischer Wohnstätten und Propaganda, Propaganda, das sind einige wenige dringende Aufgaben der Arbeiterregierung. Die Bewegung, die die Redner und Rednerinnen mit den aufklärenden Schriften an die Straßenecken entsendet, gewinnt an Umfang und Bedeutung. Es ist eine Bresche in Merry old England, das »alte fröhliche England«, geschlagen.

ELEGIE IN EINEM HANSOMCAB

O anmutiges Gefährt, Gefährt der Erinnerung, unruhig suche ich
dich an allen Haltestellen –, es sind aber nur deine pferdelosen
Stiefbrüder da, die leise hüpfenden, laut hustenden Taxis, mit der
Kurbel vorn am Nabel, die den Gott der Maschine zu wildem Ge-
brüll reizt, wenn sie bewegt wird.

Anmutiges Gefährt, leise schaukelndes, unten wie eine Loge,
oben wie ein Wachtturm anzuschaun, schön war es, in dir zu sitzen,
ohne Kutscherrückseite nur den rhythmisch sich biegenden Pferderücken zu erblicken, zwei von oben herunterreichende Riemen,
vorn und rechts und links, durch die zierlichen Fensterchen aber die
wunderbare Straße, die wunderbare Stadt!

Ein gelinder Ruck an den niederen Türen, und über die kleine
Plattform vor der Loge stieg man aufs Pflaster nieder. Oben auf der
Spitze des Turms lüftete der Gentleman mit der Rose im Knopfloch
seinen hellgrauen Zylinder, langte mit der behandschuhten Rechten
nach dem Fahr- und Trinkgeld, und rhythmisch schaukelnd auf
deinen beiden großen Rädern entschwandest du, liebliches Gefährt
der Vergangenheit, dem entzückten Blick. . . .

Die Maschine hat den Hansom getötet, wie das Kino dich, teures
englisches Musichall. Nicht führt mich mehr der Zweirädrige Turm
nach dem Hummer-Abendessen bei Scotts zum »Oxford«, wo Vesta
Tilley, Harry Tate, Paolo Cinquevalli, der Jongleur, und der
weißäugige Kaffer Chirgwin die Stunden bis zur Nacht vertrieben.
Scotts ist Gott sei Dank geblieben, mit dem Füllhorn seiner Seeun-
geheuer, aber wenn mich der Taxameter mit ölriechender Faust vor
einem Varieté niedersetzt, so toben drin sicherlich amerikanische
Jazzbanditen und paradieren pfauenstolze Stimmakrobatinnen mit
ihren grellbepinselten Straußenfederfächern und übelbeleumunde-
ter Broadway-Lyrik auf der grün, blau und orangefarbig beleuchteten Bühne auf und ab.

Eton-Boys! Ihr habt noch eure Zylinder und breiten Hemdkragen
über den oberhalb des Gesäßes abgeschnittenen Spenzerfräcken
bewahrt. *Richter in Fleet Street!* Ihr geht noch in Puderperücken und
Seidentalaren über die Straße zum Stehlunch an der Bar. Auch ihr,

Majestäten im Buckinghampalast, habt eure Sitten konserviert, ebenso wie die Lords im Oberhaus, die Torys in den Commons ihre Füße weit von sich auf den Tisch des Hauses strecken. Beefeaters im Tower, ihr mit euren Hellebarden; Waisenknaben im Findlingshaus, mit euren zweifarbigen, vertikal geteilten Uniformen, die euren unglücklichen Stand von weitem schon verkünden – ihr alle, *alle* seid von dieser Zeit verschont geblieben! Nur euch, Hansoms, hat sie grausam und zynisch den Garaus gemacht. Warum, o sagt, teure Schatten, durch die Erinnerung rollende, warum?

Tage, ja Wochen wende ich daran, einen Hansom aufzutreiben, in dem Gewühl der sich an den Knotenpunkten der Weltstadt um die Mittagsstunden stauenden Wagenkolonnen.

Da – eines Tages – in der Nachbarschaft von Parliament Square – (o konservative Partei, Tories, habt Dank!!) schaukelt das erste Turmgefährt gemächlich und rhythmisch bewegt an mir vorüber.

Freundliche Blicke, von mir zum Kutschbock, vom Kutschbock zu mir, schon stehe ich auf der kleinen Plattform, biege die beiden niederen Logentüren zurück und werde, angenehm und lind, von dem lieblichen Gefährt meiner Jugenderinnerungen, schaukelnd und rhythmisch, durch die Stadt getragen. Vor mir erscheint, über dem durch Riemen gelenkten Pferderücken, Whitehall, der Platz mit der Nelsonsäule, dann die Straße mit den Wunderfenstern der Schiffahrtsgesellschaften White Star Line, Canadian Pacific, Norddeutscher Lloyd, Hapag, Toyo Kisen Kaisha, P. and O. – die Welt! Dann der alte Haymarket, steil ansteigend, und jetzt: Piccadilly!!

Menschen blicken herein in mein Gefährt. Menschenblicke begegnen den meinen. Wie aus einem anderen Jahrhundert schaue ich auf die Straße hinaus; verzaubert, betört, etwas verwirrt und benebelt schaue ich auf das Gewühl der schnellen Taxis, der kalten, eiligen, übermüdeten vorwärtsstürmenden Menschen, der zerlumpten, bettelnden, singenden, zinntellerschwingenden Krüppel zu beiden Seiten des Weges. . . .

Wie wird mir! Wo bleibt der erwartete Genuß, das rhythmische, lieblich schaukelnde Versinken in eine gemächliche, wärmere, innigere Vorzeit? Wie ein lebender Anachronismus komme ich mir in meiner kleinen turmartigen Loge vor. Meine Nerven lehnen sich auf, zucken rebellisch unter der Langsamkeit des Dahinfahrens, des Zurückbleibens, des Hinterdreinschleichens hinter den eilig dahinschießenden Maschinen, Taxis, Limousinen der Entwicklung, der Katastrophe, der galoppierenden Zeit. . . .

Stop!!

Wieder ist eine Illusion begraben, das Leben um ein von der Erinnerung gehätscheltes Wunder der Vergangenheit ärmer.

Stop!!

Mit dem Stock hebe ich die kleine Klappe über meinem Kopf in die Höhe. Oben im Ausschnitt der Falltür wird das Gesicht des Kutschers sichtbar. Ich gewahre durch das kleine viereckige Loch sein altes, unrasiertes Kinn, den fettigen Filz auf seinem grauen Schädel, den schäbigen Rock, in dessen Knopfloch wohl seit Jahrzehnten keine Blume mehr gesteckt hat.

Langsam steige ich über die kleine Plattform auf die Straße hinunter, zahle, warte an der nächsten Haltestelle auf den Omnibus und lege den Rest der Fahrt rasch und wohlfeil zurück, wieder ein Bürger des Jahrhunderts geworden, das kein Entrinnen kennt.

IM BRITISH MUSEUM

Hört, hört, was sie mit dem Hypnos angefangen haben!

Auf einen teigig weichen Rumpf, einen weichen, nichtssagenden Hals haben sie das hehre Haupt gestülpt, das ewige Antlitz mit dem einen Flügel!

Wie eine Perücke auf einen Haubenstock von Gips!!

Für ewige Zeiten – dahin.

Barbaren! Banausen! Berserker!

Wie herrlich – ich habe es noch auf einem kleinen, niederen Holzsockel, einem Klotz, gekannt, erlebt; geradeaus blickte mich das ewige Haupt, das hehre Gesicht mit einem Flügel an, der göttliche Hypnos!

Wie herrlich – einer älteren Generation anzugehören . . . Wie herrlich aber auch, heute, heute zu leben: denn dieser hockende Priester, dieses heilige tibetanische Langohr aus glasiertem Ton – und ihm gegenüber der lächelnde, rosafarbene, aus splitterndem Holz gestaltete, zarte und kindlich frauenhafte, mit einem unterschlagenen Bein federleicht dasitzende Buddha – sie sind ja beide erst seit dem Krieg in die Säle dieser wunderbaren Sammlung gekommen!

NEUN WERTHEIMERS, NEUN LEBENSGROßE WERTHEIMERS!

Du erinnerst dich wohl noch, welch ein Geschrei entstand, als sie diese selig duselig mit verschwimmendem Pinsel auf opalblaue Nacht hingehauchte »Batterseabrücke« von Whistler aufnehmen, in die ehrwürdige National-Gallery zu den Lawrence, Gainsborough, Raeburn und Romney diesen respektlosen, nervösen, äußerst lebendigen Neuankömmling hängen sollten!

Jetzt aber haben sie . . . . nein, man muß es einigemal hintereinander sehen, um es zu glauben . . . . neun lebensgroße Sargents hängen da, die den Kunsthändler Asher Wertheimer, eine Art Paul Cassirer der viktorianischen Ära, seine Frau, seine zahlreichen Töchter und Söhne, die ganze miese Mischpoche, in neun lebensgroßen Einzelfiguren- und Gruppenbildern virtuos, unentwegt und oberflächlich heruntergestrichen darstellen!

Gainsboroughs Herzoginnen, Raeburns Feldherren, Lawrences Mrs. Siddons – und daneben: »Wertheimer – Bequest 1922« – diese mit Antiquitäten, Gemälden, neu und getragen, Bronzen, Grundstücken, Tudorlandsitzen erfolgreich geschachert und an der Börse gute Geschäfte gemacht habende, mit Park Lane-Palais, Reitpferden und Jagdmeute die Sitten des Wirtsvolks nicht ohne Geschick nachahmende, feuchtlippige, krummbeinige, gepuderte, aufgedonnerte, juwelenbehängte, gewinnend lächelnde oder mit unnahbarer Süffisanz dreinblickende Bourgeoisie . . . . neunmal und in Lebensgröße. . . .

NOTIZ ÜBER DAS THEATER

Der belebende Einfluß, den der Krieg, die Umwälzung der Moralbegriffe der Welt auf die lebendigste Kunst der Kulturvölker ausgeübt hat, verringert sich augenfällig, je weiter man von Moskau nach dem Westen vordringt.

WEMBLEY

Die Stadt hört auf. Wiesen, weite Hügel mit dunklerem Grün, Sandbrüche, dann wieder Wiesen, Weideland und saftige Golfplätze – plötzlich am Horizont eine schneeweiße Fata Morgana: Minarette, Dome, langgestreckte Hallen, ein Riesenkrater mit aufgesperrtem, eng geripptem Schlund: das Stadion, und über alldem aus dem Himmel herunterbaumelnde silberne Fesselballons, die bunte Tuchlappen schwenken.

Der Regierungspavillon (feierliche Akropolis) enthält eine Sehenswürdigkeit: den Erdball in der Mercator-Projektion. Die Kontinente sind reliefartig modelliert, die Meere dunkles Wasser, durch das, magisch geleitet, Schiffchen hin und her schwimmen, die Mutterinsel, die fernen Erdteile, die Dominionen, die Kolonien des Weltreichs miteinander verbindend.

Diese riesige Weltkarte, auf die man am besten vom Balkon herunterschaut, erglüht zuweilen in rotem Licht: das heißt, nur stellenweis; hier und dort ist ein umzirkeltes Gebiet, ein Erdteil, eine Inselgruppe, ein Stück Kontinent von innen transparent illuminiert:

mit einem Schlage wird man gewahr, wie ungeheuer das englische Imperium ist. Ein Drittel des Erdballs erglüht von innen rot, das heißt: ist englisch!

Hierauf flimmern kleine verstreute Glühpunkte, winzige grelle Leuchttürmchen über all diesen roten Gebieten der Erde auf.

Zugleich erscheint auf einer Tafel über dem Nordpol in Filmschrift das Wort: Gold. Andere Leuchttürmchen, und es erscheint das Wort: K o h l e. Noch andere: W e i z e n; und: V i e h - z u c h t, W o l l e, K o p r a. Oder: E r d ö l.

Das ist, sinnfällig vorgeführt und populär gesprochen, die Weltmacht des Britischen Imperiums. Die Fata Morgana der Hallen, Dome, Pavillons, Akropolise, Minarette, Kraals zeigt: Gold, Eisen, Kohle, Öl; Weizen, Kautschuk, Obst, Holz, Wolle. Und, in der folgenden Serie der Beleuchtung: Schiffbau, Textilfabriken, Stahlindustrie. Und dann immer wieder: Gold, Weizen, Vieh, Öl.

Australien, Kanada, Indien, Südafrika: Vieh, Weizen, Kautschuk, Gold. Ein bißchen monoton. Riesiggroße Messe, Warenmesse und Schau, ohne übermäßigen Aufwand von Phantasie in Hallen, Pavillons, Taj Mahâl-Imitation, Negerdorf aus rötlichem Stuckbewurf gewandet.

Hie und da, beim Herumirren durch diese riesigen, verwirrenden Warenhäuser, eine kleine originelle Abwechslung: in Australien das Panoptikum von gefrorenen Hammeln, die aufgeschlitzt in einer Refrigeratorenlandschaft baumeln; in Kanada ein Schaukasten, darin der Prinz von Wales, sein Lieblingspferd, sein kleines Farmhaus und der Baum davor, alles in Lebensgröße, zu sehen ist – aus Butter! In den niederen Lehmhütten der Goldküste Kojen, in denen Kupferschmiede, Weber, Holzschnitzer arbeiten – über jeder Koje, wie im Zoo, eine Tafel: dies hier der Sohn des Königs, dies: die zweite Gattin des Häuptlings; weiter, in Vorderindien, ein Dschungelbild, moskitobelagert, samt dem Gegenbeispiel, dem hygienischen Bungalow. Dann: Wandelpanoramen, Riesenhotels der Rockies darstellend (Grüß Gott, Banff!); hier wird ein wirkliches Schaf geschoren, dort ist eine Miniatur-Goldwäscherei in Aktion; in Ceylon: wunderherrliche Auslagen traumhafter Halbedelsteine – und dann Burma, ein spitzengewebzarter, mandelholzgeschnitzter Pavillon mit melodisch abgestimmten Gonggongs, die von einem Hauch ertönen. . . .

Hygiene, Unterrichtswesen, Kirche, Kunst spärlich über das ganze Areal der Ausstellung verstreut, stellenweise in besonderen Gebäuden, Palästen, im Regierungs-Haus gesammelt.

Immerhin: das Mittel »*Insulin*« wurde an der jungen Universität von Toronto erfunden, und die Tube, die noch vor einem halben Jahr fünfundzwanzig Schillinge kostete, kostet jetzt nicht mehr als zwei und six Pence. Das ist schon etwas! Als Beleg für die Vorkehrungen der Regierung zur Hebung der Volksgesundheit in den Tropen: das amputierte Bein eines an der Elefantiasis gestorbenen Malayen. Niedliche Städtchen aus weißen Papphäuschen, roten Schornsteinchen, grünem Moosrand – das sind Hospitalanlagen in Südafrika. Plastilin-Büffeljagden wilder Indianer, von Schulkindern verfertigt; Diagramme: Abnahme von Krankheiten, Verbreitung des Volkswohlstandes, Schulen, Transportmittel. Aber in der Hauptsache immer wieder auf dem Riesengebiet der Ausstellung, dieser Schaustellung der Weltmacht Englands: Gold, Weizen, Vieh, Öl.

Stundenlang laufe ich kreuz und quer durch Wembley, um die herrlich anziehenden kleinen Speisehäuser aufzufinden, die auf ähnlichen Weltausstellungen in verschwenderischer Fülle die Nationalgerichte aller fremden, fernen Völker gekocht, geschmort, gepfeffert und gezuckert ausrichteten. Auf wie mannigfaltige, geographisch bestimmbare Art konnte man sich 1900 in Paris den Magen verderben!

In Wembley aber (das Monopol hat die Aktiengesellschaft Lyons) gibt's an hundert Stellen: Speck und Eier, Roastbeef, Applepie, Whisky und Soda, Tee und Toast und Marmelade – das nationale Essen des Engländers!

In England, Schottland, Irland, auf Jersey, Gibraltar, Malta, in Cairo, Jerusalem, Indien, Ceylon, auf den Lakkadiven und Malediven, in Penang, Burma, Hongkong, den Seychellen, Mauritius, in Südafrika, Australien, Neuseeland, Tasmanien und den Fidschi-Inseln, in Kanada, Neufundland, den Bermudas, Trinidad und Barbados und Sierra Leone: morgens Eier und Speck, Grütze, Tee, Toast und Marmelade, abends Roastbeef, Chesterkäse, Applepie, Whisky und Soda – das ist das Weltreich Englands, und darauf beruht Englands Macht und Herrlichkeit.

Volkskunst der Wilden, der Halbzivilisierten, der uralten Kulturvölker! Wunderherrliche Gewebe, Geflechte, Schnitzereien, Intarsien der Südseeinsulaner, der Burmesen, Kaschmirs, des Pundjab, Bengalens, der untergehenden Stämme Nord-Vancouvers, Saskatchewans, Albertas, der Cree, der Bobtail, der Athabaska-Indianer – hingegen lernt man den Schönheitskult und Geschmacks-Begriff des heutigen hochzivilisierten Europäers am besten kennen, wenn man sich in den Pavillon des Seifenfabrikanten *Pears* begibt, der am Rande des Vergnügungsparks errichtet ist. Hier findest du, Europäer, eine Schaustellung der berühmtesten Frauenschönheit der Weltgeschichte, in lebenden Exemplaren, mit Pears Soap gewaschen, stilecht gekleidet und in historisch echte Interieurs hinter Glasscheiben gesetzt: Kleopatra, Helena, Dantes Beatrice – dieses letztere, besonders erbarmungswürdige Mädchen hielt, so oft ich an seinem Schaufenster vorüberkam (und wahrscheinlich von April bis Oktober!), die rechte, rosig manikürte Hand sinnig an den Busen geschmiegt, während die Linke mit einer Halskette spielte ... in der Ferne sah man den Bogen des Ponte Vecchio ... vorne aber, wo ich stand, preßten die Heerscharen des Weltreichs England, Farmer aus Kanada, südafrikanische Goldgräber, rotjackige Schulbuben, City-Clerks, Boy-scouts, Soldaten und Matrosen aller Kategorien die Nasen an der Scheibe platt! (Die übrigen Schaukästen enthielten Maria Stuart, Mrs. Siddons, die Pompadour, Miß Uptodate mit Grammophon und Radioapparat usw. usw.)

Immer sind jetzt, den ganzen Sommer schon, gleichzeitig etwa zwei Millionen Fremde aus dem Imperium in London beisammen. In Rotten, Rudeln, Regimentern trifft man sie an, in den Speisepalästen der Stadt, in den Warenhäusern, Museen, Docks, in Westminster, auf dem Trafalgarplatz, vor den glitzernd vorüberlaufenden Zeitungsnachrichten des »Daily Express« und in Wembley.

Mit Emblemen geschmückt, die sie in den Knopflöchern ihrer Feiertagsgewänder tragen, Ahornblättern, Löwenköpfen, Unionjacks und Hirschgeweihen aus Email, laufen sie durch die Stadt, durch die riesige weiße, die strahlend illuminierte Ausstellung. Sie sehen, bis auf ihre Embleme, fast ganz gleich aus; essen das gleiche, begeistern sich für das gleiche Ideal, sei es die szenische Darstellung des Bombardements von Zeebrügge, die im Regierungspavillon, mit echtem Wasser, Blockade und Versenkung hübscher, rasch schwimmender Schiffchen, mit Schüssegeknall, Donner, Rauch, erklärendem Vortrag und tobender Begeisterung, täglich von 2 bis 8 gezeigt wird – oder für das »Puppenhaus der Königin«, das im Palast der Künste aufgestellt ist – oder die Rutschbahn im Vergnügungspark – oder für Dantes Beatrice im Seifenpavillon. Sie lesen die »Daily Mail«, die bei gutem Wetter ihren Namen in Flammenschrift an das Firmament malt, sie gehen barhäuptig um das Cenotaph herum, um die Widmungen auf Kränzen und Sträußen zu lesen, sie werden jede kommende Politik mitmachen, in jeden kommenden Krieg ziehen, mit den festen, dauerhaften, im Zentrum ihrer britischen Welt geprägten Wahlsprüchen, die sie diesmal in friedlicher Fassung, zur Bekräftigung ihrer nationalen Macht und Herrlichkeit, mit sich zurück tragen in alle rotbeleuchteten Teile des bewohnten Erdballs, Weltteile, Kontinente und Inseln des Imperiums, in denen Gold, Wolle, Fleisch, Kopra, Weizen und Öl produziert wird.

Als Anhängsel an die Halle der nationalen Maschinenindustrie ist ein Konferenzsaal gebaut, in dem täglich Organisationen gemeinnütziger Art aus der ganzen Welt ihre Sitzungen abhalten. Hier tagten bereits internationale Kongresse zur Ausnutzung der Naturkräfte; Kongresse religiöser Gesellschaften; Kongresse der Eugeniker, Temperenzler, Volkshygieniker, Seuchenbekämpfer. Der gewaltigste all dieser Kongresse aber ist sicherlich der, zu dem der Internationale Verband der Zeitungsinseraten-Agenten, besonders aus dem nordamerikanischen Kontinent, zahlreiche Vertreter entsandt hat.

Überall in der Stadt sieht man sie wochenlang, diese breitschulterigen, positiv und siegesbewußt dreinschauenden, wohlgenährten,

Gold, Kohle, Weizen, Fleisch, Kopra, Öl, Panzerplatten, Bomben, Gase vertreibenden, mit Schlagworten, geschickt und wirkungsvoll gewählten, die Welt beherrschenden, korrumpierenden, ausnutzenden und ihrem seligen Ende entgegeninserierenden Gentlemen, in deren Knopfloch die Gestalt eines weißgewandeten Genius zu sehen ist – er streckt seine Arme beschwörend aus, und um ihn schlängelt sich eine Inschrift, die Worte: »Truth in Advertising«!

DAS PUPPENHAUS DER KÖNIGIN

steht in Wembley im Palast der Schönen Künste. – Vom Keller bis zum Dach vollständig eingerichtet, ein drei Meter hohes, zwei Meter breites Haus, wirklich und wahrhaftig für Könige bestimmt, denn im Safe befindet sich eine veritable Krone, zu Repräsentationszwecken geeignet, denn es gibt herrliche Säle mit Deckengemälden, Teppichen, Boule-Schreibtisch, Bibliothek, deren hundert Bände von den besten Autoren Englands eigenhändig geschrieben sind, Speisesaal mit gedecktem Tisch für Gäste, Marmorfreitreppe und Damensalon – in den Badezimmern läuft kaltes und warmes Wasser, der Keller ist mit Wein, Konserven, Vorräten wohl versehen, und in der Garage stehen zehn Automobile, die rattern und laufen, tuten und Geruch verbreiten können, obzwar jedes, dem Gesamtumfang des Hauses angemessen, nicht größer ist als ein Daumennagel. . . .

All diesen Unsinn (für den es im Kensington-Museum Präzedenzfälle aus loyaleren Jahrhunderten gibt) haben etliche hundert vernünftiger und erwachsener, zum Teil sehr begabter, ja mit Recht weltberühmter Engländer, Architekten, Maler, Mechaniker, Kunstgewerbler und Handwerker, in monatelanger Arbeit zustande gebracht. Während die Arbeiterregierung sich über das Problem der Behausung notleidender Millionen den Kopf zerbrach, über die Art und Weise, wie das verelendete Proletariat in gesundere Umgebung, aus den Slums in praktisch gebaute Wohnstätten überführt werden könnte, haben Hunderte der hervorragendsten Intelligenzen Englands Erfindungsgabe, Zeit und Arbeitskraft an diese Spielerei vergeudet.

Entzückt und begeistert wandelt die Menge an dem Monument der Torheit vorbei, sie defiliert in ununterbrochenem Strom von

April bis Oktober vor diesem Symbol des Königtums – denn das stellt das Puppenhaus der Königin in Wirklichkeit vor – »ein Puppenheim«, Noras Puppenheim, darin Englands Volk sein Königshaus und mit ihm den Gedanken der Monarchie festhält.

Im demokratischen England bedeutet »König« so etwas wie: Höchstleistung, Gipfel der Vollendung, Akme. »The King's English« – das klassische Englisch. Dabei aber ist das Königshaus, sind die Mitglieder der königlichen Familie, die Repräsentanten der höchsten Gewalt im Staate, längst ohne ernst zu nehmende Funktion – zu einem Puppendasein degradiert, keine realen Menschen mehr, sondern anachronistisch mit Juwelen, bunten Schärpen, Mänteln und Kostümen behängte, zu Feierlichkeiten, Paraden, Prunkaufzügen wie Marionetten in Bewegung gesetzte Scheinwesen. Zur selben Stunde, zu der die Staatsmänner des Imperiums, zusammen mit den »big four«, den »big five« der anderen Mächte, mit vollendeter Gewaltsbefugnis in langwieriger Gedankenarbeit die Schicksale des englischen Volkes, der Erdenvölker zu lenken suchen, vergnügen sich diese seltsamen Geschöpfe: König, Königin, Prinz von Wales, Prinz von York, in spielerischen Betätigungen, durch die um sie angesammelte, kondensierte Atmosphäre menschlicher Schwäche und Insipidität benebelt und vom Rest der Menschen derart abgetrennt, daß ihnen der Widersinn ihres Daseins nicht einmal zum Bewußtsein gelangt; daß sie gar nicht bemerken, wie die monarchische Idee in der Lächerlichkeit ihrer puppenhaften Funktionen versinkt!

Wann wird es Puppenhäuser der Parlamente, der Downing Street, der großen öffentlichen Ämter geben? Denn an der Schwelle des nächsten Weltkriegs haben die »großen Vier«, die »großen Fünf« ja auch bereits einiges von der Konsistenz ihrer Form, ihrer Kontur, ihrer Funktion eingebüßt – sie sind gewissermaßen transparent und unwirklich geworden – und durch die sich verflüchtigende Substanz ihrer Gewalt ist, deutlicher und immer deutlicher, in fester, undurchdringlicher Konsistenz, Massigkeit und Kolossalität der wahre Beherrscher der Völker, König, Kaiser, Papst und goldener Gott der letzten Phase: der Finanzmann und Bankier, das blutige Idol der bevorstehenden Apokalypse zu erkennen.

RODEO, TATTOO, JAMBOREE

> Das interessante Programm des heutigen Scheinwerfer-Tattoos in Aldershot enthält unter anderem die folgenden Punkte: Angriff unserer Abwehrkanonen auf ein feindliches Flugzeug-Geschwader (Luftzweikampf zwischen feindlichen und unseren eigenen neuesten Kriegs-Aeroplanen; Tanks und schwere Artillerie zwingt schließlich die feindliche Streitmacht zum Rückzug.

Eine Militärkapelle von nahezu 1000 Musikern wird während der Kriegshandlungen Musikstücke ausführen, und die Kavallerie-Pferde werden zu den Tönen der Musik, vor beleuchtete Kanonen gespannt, Walzer tanzen.

(»Daily Mail« vom 18. Juni 1924)

Diskussion im Unterhaus, anläßlich des Luftfahrzeugs-Tattoos.

Sir H. Brittain (Unionist, Acton): »Sind Verfügungen getroffen, daß die Besucher von Übersee, die sich gegenwärtig in England aufhalten, dem Tattoo beiwohnen können?«

Mr. Leach (Sekretär im Kriegsministerium): »Es ist für Erleichterungen des Besuchs gesorgt.«

Mr. P. Harris (Arbeiterpartei, Bethnal Green, S. W.): »Was ist die wirkliche Absicht, die mit diesem Tattoo verfolgt wird? Unterhaltung oder Geldeinnahme, strategische oder Manöverzwecke?«

(Zwischenruf von der Ministerbank:)

»Krieg!«

M r .   L e a c h : »All dies zusammen.«

(Gelächter)

Rodeo: Drei Dutzend ausgewählter Cowboys und Cowgirls aus Kanada reiten im Wembley-Stadium wild sich bäumende und schüttelnde Bronchos zu, springen von ihren Pferden davonrennenden Stieren auf den Rücken, zwischen die Hörner, um die Tiere zu Fall zu bringen, fangen mit dem Lasso Reiter, Rosse und Stiere ein. Es ist ein wunderbares Schauspiel von Kraft, Mut und Geschicklichkeit. Einmal bricht einem gelassoten Stier das Vorderbein. Der Tierschutzverein und das Gewissen Englands geraten in erregte Wallung: gegen die Cowboys und die Unternehmer der wochenlang von Millionen besuchten Schaustellung wird ein Prozeß wegen Tierquälerei und Grausamkeit angestrengt. Einem Stier wurde beim Einfangen mit dem Lasso das Vorderbein gebrochen!

Tattoo: Gleich zwei zur gleichen Zeit. In Aldershot eines bei Nacht, in Hendon eines bei Tag. Englische und französische Aeroplane führen, in Staffeln, Geschwadern und einzeln, allerlei Manöver, Wettflüge, waghalsige Purzelbäume, »aerobatics«, unter mäßiger Teilnahme der großen Zuschauermenge aus. Diese gerät erst in brausende Begeisterung, als eine Luftfahrzeug-Formation unter beträchtlichem Geknall mit Bomben und Lufttorpedos das aus Brettern und Leinwand gebaute Modell eines Kriegsschiffes (rote Flagge, slavischer Name) in die Luft sprengt. Die öffentliche Meinung Englands bleibt, nicht wie bei jenem Rodeo, stumm.

Jamboree: Zwölftausend Pfadfinderjungen sind, aus allen Teilen des britischen Weltreichs, im Stadium zusammengeströmt. Während des Krieges Geborene gibt es unter ihnen, aber der älteste noch ist ein Kind des XX. Jahrhunderts. Ihre militärischen Exerzitien, Aufzüge, Übungen, Gefechte werden durch das Absingen der Nationalhymne eingeleitet.

»God save our gracious King . . .« – die Zwölftausend knien mit gesenkten, entblößten Köpfen auf dem Rasen. Bei den Worten:

»Send him victorious . . .«

springen die Zwölftausend mit einem Satz in die Höhe und schleudern unter wildem Geheul ihre Wildwesthüte in die Luft.

Flottenparade: Ende Juli, genau zehn Jahre nach Beginn des furchtbarsten aller Kriege, findet in Spithead vor der Insel Wight eine Flottenparade der englischen Seestreitkräfte statt, der der König, die Arbeiterregierung, Würdenträger der Ententemächte und Notabilitäten von Übersee beiwohnen. 196 Kriegsschiffe sind versammelt, davon 78 größter Typen mit voller Ausrüstung und Bemannung; einige unter ihnen haben an den Kämpfen in Jütland, bei Helgoland, an der Doggerbank teilgenommen. – Zur selben Zeit tagen in London die Kommissionen für das Dawes-Abkommen der Alliierten mit Deutschland, und auch die Unterhändler für den englisch-russischen Handelsvertrag sitzen beisammen.

Tattoo, Jamboree, Flottenparade – was bedeutet dies alles? Heerschau des kommenden, furchtbarsten aller Kriege.

»Unterhaltung, Geldeinnahme, Strategie, Manöver«, dazu: alles überwuchernder Sport, dessen Grenze nach dem Krieg Gedankenträgheit verwischt und vertuscht hat; imperialistische Selbstherrlichkeit, Verteidigung von Gold, Kohle, Öl, Weizen, Vieh, Kopra, Holz – »all dies zusammen«.

Was ist es mit dem Engländer?!

Gegenüber von Downing Street, auf der anderen Seite der Straße, ist ein Rekrutierungsbureau. Wieder kleben die alten Plakate der Armee und Flotte an den Mauern: »Was ist dir lieber? ein elender Clerk sein, mit Arbeit überbürdet, schlecht bezahlt, ewig in England bleiben oder: schöne Uniform, leichter Dienst, ausgezeichnete Löhnung, die weite Welt sehn (Abbildungen der Pyramiden, einer indischen Götterpagode, der kanadischen Rockies), deine Pflicht gegen deinen König und dein Land erfüllen?«

Tattoo, Jamboree, Flottenrevue, Gasbomben, Tanks, Pest und Apokalypse! Weniger als der Franzose, weniger als welches kriegführende Volk immer dieses verdammten Erdballs scheint der Engländer aus dem Kriege gelernt zu haben. Immer noch hat er nicht ganz begriffen, was »Krieg« ist, trotz Cenotaph, Nurse Cavell, dem Grab in Westminster und der übrigen Million toter Engländer.

EIN GANG DURCH CHARLOTTE STREET

Dieser kleine, ziemlich elende Winkel, den Tottenham Court Road und Oxford Street bilden, dieses Gewinkel von schmalen, armseligen Gassen und Gäßchen ist das Herz und Hirn der Weltrevolution.

Charlotte Street, Rathbone Place, die kleine Windmühlengasse, Stevens Mews – in dieser Armengegend lebten sie, hier, im versteckten Saal eines Hinterhauses von Windmill Street sprachen und lehrten sie: Krapotkin, Stepniak, Lenin, Malatesta, Ferrer, Hamon, Rocker, Tucker, Libertad. Hier ist die Geburtsstätte der Richtung, die Bolschewismus genannt worden ist – und hier war es auch, wo sie ihren Namen erhielt. Hier wurden nachts, bis in die Morgenstunden, hinter verhängten Fenstern die Theorien der Befreiung durchdacht, durchlitten, zum Teil in die Praxis umgesetzt; hier brennt heute aufs neue das heilige Feuer, denn England ist seit kurzer Zeit wieder der Zufluchtsort politischer Rebellen geworden.

Als ginge ich durch meinen Heimatsort, so gehe ich durch diese armseligen Gassen. Lieber menge ich mich unter die Passanten dieses verworrenen Winkels als unter die Menge, die heute durch Downing Street flutet. Dort gibt's was zu sehn! Die Deutschen sind eingetroffen, nun soll Deutschland durch das Dawes-Abkommen an das amerikanische Großkapital verschachert werden. Zur gleichen Zeit tagt, hundert Schritte weit vom Cenotaph, die anglo-russische Kommission, um den Handelsvertrag nach Punkten festzusetzen. Scheu und fast gegen meinen Willen werfe ich, wenn mein Weg mich an Downing Street vorbeiführt, einen Blick dort hinein; hier aber, in diesem Winkel, fühle ich mich zu Hause, hier könnte ich einst, hier, das fühle ich, werde ich vielleicht einst landen, wenn's an der Zeit sein wird.

Welcher Genuß war's doch, ehemals, von Paris nach London zu reisen: das Antipodentum der beiden benachbarten Völker zu beobachten! Heute sehe ich in dieser Spannung nur noch die Gefahr, den Funken, die unüberwindlichen Hindernisse des Friedens; Nationalismus der Länder; die Menschheit in Nationen zersplittert;

durch in Grenzen eingefaßte kapitalistische Interessen, durch Berufsschichtungen, Organisationseinheiten, jede mit ihrem spezifischen Egoismus; die *Internationale* vielleicht nur eine verhängnisvolle Illusion! Ungeheure Ratlosigkeit aller Führer der Menschen! Die Erkenntnis: daß die Weltgeschichte ihren Gang geht und Katastrophen, immer schwerere, unermeßliche, nicht vermieden werden können, weil die Grundgesetze der Völkerbiologie noch unerforscht sind.

Hat der Krieg, der erste in der Reihe der weltzerstörenden, vieles an der Gesinnung der Menschheit geändert? Hier und dort vielleicht dies und das an der Taktik, der Organisation. Daß die Arbeiterregierung Englands, die jetzt, in all diesen Konferenzen, die Vermittlerrolle zwischen dem triumphierenden Großkapital und den verelendeten, leidenden Volksmassen spielt, mala fide handeln sollte, dieser Gedanke wird wohl keinem vernünftig und gerecht Denkenden kommen. (Woher aber dann die furchtbaren Lohnkämpfe, der Ausstand von 600 000 Bauarbeitern, der Grubenstreik in Wales, Arbeitslosigkeit und Aussperrung, die das Land wie Erdbeben erschüttern?) Nicht an der Gesinnung der Macdonald-Regierung liegt es, daß die Rolle, die sie jetzt drüben in Downing Street zu spielen genötigt ist, den Gläubigen enttäuscht. Nicht an ihrer Gesinnung liegt es, sondern an ihrem Tempo, mangelnden Speed, dem Schneckengang des evolutionistischen Sozialismus.

Die anderen: die Großindustrie, die Hochfinanz, Grubenbesitzer Englands, Comité des Forges Frankreichs, die City, die Bankiers in Wall Street – sie haben das Tempo, das die Entwicklung, das heißt die Entwicklung ihrer Geschäfte vorwärts stößt, frenetisch. Diese feindlichen Mächte sich gefügig zu machen: den Menschenfreunden um Macdonald, die ihren Ursprung von Fabius dem Abwartenden herleiten, wird es nicht gelingen. Immer deutlicher wird es offenbar: der Nationalitätenhader darf nicht verstummen; er muß künstlich geschürt werden, damit die Massen nicht erkennen, wie sie ausschließlich für die Interessen des Geldsacks, des zynischen Götzen bluten. Das Großkapital der Welt geeint gegen die Arbeiterschaft der Welt – das Großkapital seiner Ziele fest und sicher bewußt, bedient von den skrupellosesten, gewalttätigsten Helfershelfern – die Arbeiter aber in ihren Instinkten schwankend, beirrt durch die Kleinbürgerlichkeit ihrer Führer oder durch die Kompromisse, die ihre eigene Regierung, zwischen den Bankier und den Paria gestellt, schließen muß!

Wie auf einer Generalstabskarte erblickt man aus diesem Winkel der Welt die Marschroute, den Weg vorgezeichnet und abgesteckt: von Wall Street ausgehend, über Cardiff und Sheffield, über die City, über das Comité des Forges nach den Skodawerken der Tschechoslowakei, dem Wiener Arsenal, über die deutsche Reaktion und den ungarischen Faschismus, über die Munitionsdepots von Jugoslavien, Rumänien, Polen, der Randstaaten, zielt das Großkapital nach dem Herzen des Weltproletariats: Moskau! Die Vernichtung des Gedankens Moskau, der Weltbefreiung durch Moskau, d e r Kampf Wall Street's gegen den Kreml – das ist der Sinn dieser Epoche, ihr Schlachtruf, bei dem wir Menschen der großen Städte Europas zugrunde gehen, vergiftet durch Gase unter unbeschreiblichen Qualen sterben werden, vielleicht schon in naher Zukunft.

Der Kreml aber kann nicht getroffen werden. Der Gedanke Moskau kann nicht mehr untergehen.

Er ist nicht lokalisiert, läßt sich nicht mehr lokalisieren. Er ist über die Welt gestreut, diffus, nistet, hier und dort, lockerer oder tiefer, in Millionen Herzen und Gehirnen.

Aber auch Rußland wird nicht besiegt werden, wenn der Feind seinen Kampf auch mit den furchtbarsten Waffen, die die Geschichte kennt, vorbereitet und zu führen entschlossen ist. Rußland wird bestehen, wenn das übrige Europa an der tödlichen Absurdität seines Staats- und Wirtschaftssystems untergegangen sein wird, an dem Schneckentempo des evolutionären Sozialismus. Rußland, das an ungehobenen Schätzen reiche, kann die Katastrophe Europas überstehen, denn Rußland hält an der Idee der Befreiung fest, trotz Millionen Menschenopfer, die auf dem Wege fallen.

Die Idee Moskau wird leben, bis sie die Idee der Menschheitszukunft und allgemein geworden ist. Denn sie bedeutet die Erkenntnis: daß die einzige Rettung der Menschheit in der vernunftgemäßen, gerechten Verteilung des Gesamtbestandes der Erde an Rohstoffen, Naturkräften, Menschen über den Erdball beschlossen liegt.

Der erste der Weltkriege hat den Bolschewismus gezeugt. Der wievielte – der letzte wird die Weltrevolution gebären.

Einst feiert Charlotte Street (wie jener weiße Kathedralenberg der Märtyrer drüben in der anderen großen Stadt!) seine Auferstehung, wenn die dichten Gaswolken sich endlich verziehen, die aus seinem dumpfen Gemäuer Ungeziefer, Ratten, Kellerasseln, italienische Gastwirte, deutsche Barbiere, schweizer Kellner, französische Zeitungsverkäufer, ungarische, spanische, italienische, polnische, amerikanische Flüchtlinge, Emigranten aus allen bedrückten Ländern der Welt, Sklaven, Narren und Heilige bis auf den letzten Rest und Stumpf vertilgt haben!

Unter den ersten Stätten menschlicher Behausungen, die nach dem Untergang des Zeitalters zum Leben wieder erwachen, wird dieser Winkel von Tottenham Court Road und Oxford Street genannt sein, Herz und Hirn des Gedankens der ewigen Revolution.

EPILOG:
DER VIERTE AUGUST NEUNZEHNHUNDERTVIERUND-ZWANZIG

Erinnere dich: dieser Tag, zehn Jahre sind's her, Trafalgar Square um Mitternacht, die Menschenmassen, die mit wehenden englischen, französischen, belgischen, ja bereits mit amerikanischen und italienischen Fahnen zur Nelson-Säule herbeiströmten, in singendem Zuge:

>»Rule Britannia, Britannia rule the waves,
>Britons never never never will be slaves!«

Erinnere dich: zehn Jahre sind's her, und du standest an jenem Tag nicht einsam auf Trafalgar Square.

Heute, 4. VIII. 1924 – es ist der erste Montag im August und deshalb Nationalfeiertag, »bankholiday« (herrliche Ideenassoziation: heiliger Banktag!), bankholiday, wie gesagt, und nichts weiter; am Morgen dieses Tages gehe ich nach Trafalgar Square, der, von den Wembley-Völkerscharen aus dem Britischen Weltreich nach allen Richtungen durchflutet, offensichtlich ohne besondere Vorkehrungen zur festlichen Begehung des Gedenktags, neblig und kalt um die Nelsonsäule daliegt. Landseers Löwen halten ihre Rachen gähnend offen, auf den Bassinrändern sitzen Boyscouts, rotbemützte Schuljungen, ein Führer erklärt Cooks Kautschukhälsen die Sehenswürdigkeiten, oben und unten, rechts und links und in der Runde. Es ist alles, wie an jedem Tag dieses Sommers, und ist doch der 4. VIII. 1924, zehn Jahre auf den Tag nach jenem 4. VIII. 1914, an dem England in den Krieg zog!

Ich frage den einzigen Schutzmann, dem ich auf dem weiten Platze begegne: ob hier heute ein kommemoratives Meeting stattfinden wird? Der filzbehelmte Blaue sieht mich erstaunt an: nicht daß er wüßte!

»Thank you.«

Ich könnte nun nach rechts abbiegen und in meinen prächtigen kleinen Club gehen, in diesen nach der großen russischen Revolution benannten »1917 Club«, aber ich biege doch nach links ab, Whitehall zu, dem Menschenstrom folgend, der vom Strand gegen das Parlament zu sich ergießt.

Um das mit frischen Blumen hoch bestapelte Cenotaph kreisen Menschen, sie lesen die Zettel, Gedichte, Mitteilungen an Johnny-Boy, dear uncle Harry, Bob, Bill, Paddy und Jim. An der Ecke von Downing Street begegne ich dem Führer der russischen Delegation, Christian Rakowsky; freundliche Worte, Händeschütteln. In Downing Street, dieser Sackgasse der Weltgeschichte, staut sich ein See von Menschen. Vorsichtig und langsam bahnt sich ein Auto seinen Weg, heraus, nach Whitehall: Snowden, der Finanzminister, bleich und krank, mit eingesunkenen Lippen, klug flackernden Augen; die Menge erkennt ihn, weiß: eine lebende Kraft, Pulsschlag im Herzen des Weltreichs. . . .

Rasch entschlossen besteige ich den vom Himmel gesandten Omnibus 49, der mich so oft aus der Stadt hinaus in die Gärten, auf die Hügel, in die Wälder des lieblichen Surrey geführt hat.

In und um den Kristallpalast in Sydenham, dieses riesige Glashaus, das dem auf London Zufliegenden von weitem schon als erster Gruß der Stadt in die Augen sticht, feiert heute der Londoner das Fest seines Bankfreitags. Dies geht auf folgende Art und Weise zu: rechts ist ein Boxkampf, links wird Motorrad-Polo gefahren, im Nordtranssept Mendelssohn-Konzert, im Südtranssept Jazztanz. Die Kunststätten der ganzen Erde sind in getreuen Gipsabgüssen in den Hallen des monströsen Gebäudes aufgestellt: die Alhambra, Michelangelos David, das Portal des Doms von Amiens, die Sphinx von Gizeh und die Memnonsäule verschwinden fast unter der ungeheuren Wölbung aus Glas. Von Genuß zu Genuß, durch reichliche Speiseräume, Teestationen und Bars aufgehalten, taumelt die Menge durcheinander, ohne Unterlaß. In den Abendstunden aber strömen von den Hügeln, Wiesen, Gärten ringsum, aus den Transsepten des Glashauses die Hunderttausend ins Zentrum zusammen, wo die große Orgel steht und ein aus vielen Militärbanden zusammengesetztes Orchester nacheinander die Tell-Ouvertüre, Tschaikowskys »1812«, in dem die Zarenhymne die Marseillaise kontrapunktisch unterkriegt, und zuguterletzt ein Kriegspotpourri aufführt. Dieses Potpourri, das, mit der Reveille anfangend, über

Trommelwirbel und Trompeten-Signale aller Waffengattungen zu Schlachtenlärm, Getümmel und Geschützdonner sich entwickelnd, schließlich aufs »Niederländische Dankgebet« herausläuft (dem aber in England der Text: »Seht, es naht der Eroberer und Held!« unterlegt ist), – dieser Kuddelmuddel-Topf aus verfaulten Musikbrocken ist das einzige, was heute an jenen Tag vor zehn Jahren erinnert.

Während die Hunderttausend vom ungeheuren Lärm der Instrumente schon ganz betäubt dasitzen, marschieren durch Hallen und Transsepte, von Osten und Westen, von Norden und Süden kommend, in Abständen, unerwartet und schreckenerregend, Scheibengeklirr und Gehirnerschütterung verursachend, die Kapellen der Grenadier-Guards, der Scots-Guards, der Coldstream-Guards, zuletzt der Cameron-Hochländer mit Pauken, Hörnern, Dudelsäcken, Pikkoloflöten und Trillerpfeifen zur Verstärkung herbei, von der Menge bejubelt, die alle diese Signale, Hymnen, Kriegsgeräusche und Marschlieder, das ganze Bumbum der großen Zeit entzückt wiedererkennt. Zum Schluß stehen wir alle entblößten Hauptes unter dem Glasgewölbe da, die Pauken rasseln, die Dudelsäcke schrillen, die Pikkoloflöten trillern, die Orgel dröhnt, die Hunderttausend singen aus tiefster Brust:

»Rule Britannia, Britannia rule the waves,
Britons never never never will be slaves!«

Nacht des 4. August, am Fuße der Nelsonsäule. – Vom Kristallpalast, aus Wembley, aus allen Vororten, von der Küste her sind die Londoner in ihre Stadt zurück, in das Zentrum ihrer Stadt gekommen. Auf dem Riesenplatz fröhliches Treiben. Boyscouts, Schuljungen, die erwachsenen Bürger und Bürgerinnen des Weltreichs sehen dem Leuchtband des »Daily Expreß« zu, auf dem in glitzernden Lettern die neuesten Nachrichten des Tages sich abrollen. »Lest morgen früh den Beginn einer Artikelreihe von General Seeley: Bereitet Deutschland einen Revanchekrieg vor?«

Die Menge buchstabiert im Chor, laut, die vorüberziehenden leuchtenden Worte. Rhythmisches Gemurmel verbreitet sich über Trafalgar Square: »Is Germany preparing a War of Revenge?«

Die Londoner, Kanadier, Australier, die Pfadfinder, die Schuljungen, sie stoßen die Silben wie eine Litanei, im Chor, rhythmisch hervor. Es ist die Nacht des 4. August, am Fuß der Nelsonsäule. . . .

Nein, eigenmächtig werden sie – in Europa – keinen Krieg beginnen. Aber, ob sie wollen oder nicht, in jedem Krieg, der in Europa ausbricht, werden sie mitfechten, und der Entschluß, mit dabei zu sein, wird ihnen leichter fallen als 1914. Mit Friedenmachen werden sie nicht beginnen, das Weltreich, die ungeheure Kolonialmacht nicht von sich werfen. Überholte Kriegsgeräte abrüsten – ja. Aber die Herstellung von Kriegsluftschiffen, Gasen werden sie nicht einschränken.

Langsam durch die Menge gehend blicke ich in die Gesichter der Menschen. Es sind lebende, fühlende, denkende Menschen. Menschen eines Landes, eines Volkes, einer Völkergemeinschaft, deren Platz an der Spitze der europäischen Zivilisation ist. Mit all ihren Fehlern, Beschränktheiten, Vorurteilen, Schrullen, mit allem, was edel und fair play ist an ihrer nationalen Eigenart, sind diese Briten, diese Mitmenschen Kinder meiner Epoche, die ich zu Ende gehen, in den letzten Abgrund laufen sehe.

Hier stehe ich, im Mittelpunkt dieser großen Stadt, die ich morgen verlassen werde. Wie unwirklich, wie unexistent erscheint sie! Als weideten schon Schafe hier, wo jetzt noch, wie ein Spuk, die Nelsonsäule steht. . . .

Vielleicht ist es so. Vielleicht ist die Große Stadt nur mehr ein Spuk. Und ein Narr, der ihr Leben zu beschreiben, die Kontur eines schweren Traumes nachzuziehen sucht, während die Augen sich schon öffnen, der Alp zerrinnt.

Über tredition

Eigenes Buch veröffentlichen

tredition wurde 2006 in Hamburg gegründet und hat seither mehrere tausend Buchtitel veröffentlicht. Autoren veröffentlichen in wenigen leichten Schritten gedruckte Bücher, e-Books und audio-Books. tredition hat das Ziel, die beste und fairste Veröffentlichungsmöglichkeit für Autoren zu bieten.

tredition wurde mit der Erkenntnis gegründet, dass nur etwa jedes 200. bei Verlagen eingereichte Manuskript veröffentlicht wird. Dabei hat jedes Buch seinen Markt, also seine Leser. tredition sorgt dafür, dass für jedes Buch die Leserschaft auch erreicht wird.

Im einzigartigen Literatur-Netzwerk von tredition bieten zahlreiche Literatur-Partner (das sind Lektoren, Übersetzer, Hörbuchsprecher und Illustratoren) ihre Dienstleistung an, um Manuskripte zu verbessern oder die Vielfalt zu erhöhen. Autoren vereinbaren direkt mit den Literatur-Partnern die Konditionen ihrer Zusammenarbeit und partizipieren gemeinsam am Erfolg des Buches.

Das gesamte Verlagsprogramm von tredition ist bei allen stationären Buchhandlungen und Online-Buchhändlern wie z. B. Amazon erhältlich. e-Books stehen bei den führenden Online-Portalen (z. B. iBookstore von Apple oder Kindle von Amazon) zum Verkauf.

Einfach leicht ein Buch veröffentlichen: **www.tredition.de**

Eigene Buchreihe oder eigenen Verlag gründen

Seit 2009 bietet tredition sein Verlagskonzept auch als sogenanntes "White-Label" an. Das bedeutet, dass andere Unternehmen, Institutionen und Personen risikofrei und unkompliziert selbst zum Herausgeber von Büchern und Buchreihen unter eigener Marke werden können. tredition übernimmt dabei das komplette Herstellungs- und Distributionsrisiko.

Zahlreiche Zeitschriften-, Zeitungs- und Buchverlage, Universitäten, Forschungseinrichtungen u.v.m. nutzen diese Dienstleistung von tredition, um unter eigener Marke ohne Risiko Bücher zu verlegen.

Alle Informationen im Internet: **www.tredition.de/fuer-verlage**

tredition wurde mit mehreren Innovationspreisen ausgezeichnet, u. a. mit dem Webfuture Award und dem Innovationspreis der Buch Digitale.

tredition ist Mitglied im Börsenverein des Deutschen Buchhandels.

Dieses Werk elektronisch lesen

Dieses Werk ist Teil der Gutenberg-DE Edition DVD. Diese enthält das komplette Archiv des Projekt Gutenberg-DE. Die DVD ist im Internet erhältlich auf **http://gutenbergshop.abc.de**

Zeitfracht Medien GmbH
Ferdinand-Jühlke-Straße 7
99095 Erfurt, Deutschland
produktsicherheit@kolibri360.de